平凡社新書
855

ルポ 隠された中国

習近平「一強体制」の足元

金順姫
KIM SOONHI

HEIBONSHA

ルポ　隠された中国●目次

年齢、肩書、為替レートは取材時のもの。
本文中では敬称を略した。

ロシア
モンゴル
黒竜江省
ハルビン
長春
吉林省
瀋陽
遼寧省
北朝鮮
内モンゴル自治区
フフホト
黄河
北京
天津
大連
河北省
韓国
銀川
太原
石家荘
山東省
寧夏回族自治区
陝西省
山西省
邯鄲
済南
黄海
蘭州
曲阜
鄭州
開封
甘粛省
西安
河南省
江蘇省
ゾルゲ
安徽省
南京
上海
合肥
日本
長江
湖北省
武漢
成都
監利
杭州
重慶
浙江省
東シナ海
南昌
温州
長沙
韶山
江西省
湖南省
尖閣諸島
畢節
貴州省
福州
貴陽
福建省
台湾
広西チワン族自治区
広東省
沙甸
広州
南寧
マカオ
香港
ベトナム
海口
海南省
南シナ海
フィリピン
0
400km
N

中国全図
カザフスタン
ウズベキスタン
キルギス
タジキスタン
アフガニスタン
パキスタン
ウルムチ
新疆ウイグル自治区
互助
西寧
青海省
チベット自治区
ラサ
四川省
ネパール
ブータン
バングラデシュ
昆明
雲南省
インド
ミャンマー
ラオス
タイ
省・自治区・直轄市境
省都・区都
直轄市
特別行政区

プロローグ

一報が入ったのは二〇一五年六月二日午前二時過ぎだったと記憶している。上海支局のオフィスで深夜まで朝刊用の記事の出稿作業に追われたあと帰宅し、やっと眠りについたばかりだった。長江を航行していた大型船の事故があったという。詳細は不明だったが、わかる範囲でデジタル版に掲載するための速報をパソコンで打ち込む。情報を集めて記事を更新しながら、大きな事故になるかもしれないという予感がした。

事故の全体像がわかるのは後になるが、前日の六月一日午後九時半（日本時間同十時半）ごろ、湖北省荊州市監利県の長江で乗員乗客四百五十四人を乗せた大型客船「東方之星」が転覆していた。懸命の捜索にもかかわらず、最終的に四百四十二人が死亡する大惨事となる。

すぐに朝一番の飛行機のチケットを予約した。スーツケースを引っ張り出して荷物を詰め込み、ほとんど寝ないまま武漢行きの飛行機に乗り込んだ。武漢の空港に着き、そこからは車で現場を目指す。

当局は現場に通じる道で車両や人の出入りを規制していた。警察官らが道路に検問を設けて記者を現場に近づかせないのだ。数キロ手前で車を降りた。迂回したりしながら二時間以上歩いてなんとか長江の川岸までたどり着いた。雨でできたぬかるみで靴はドロドロになった。転覆した船体は見えなかったが、救援活動の拠点まで近づくことができた。現場周辺では畑の作物がなぎ倒されたり、樹木が根に近いところからへし折られたりしており、事故当時の風雨の激しさを物語っていた。

雨が降りしきるなか、川べりに設けられた拠点では、ライフジャケットを着た武装警察や兵士らが大量に動員され、物資などを急いで運んでいた。夜になってもこうこうと明かりがともり、休むことなく作業が続けられた。

社会の安定を最優先

習近平《シーチンピン》国家主席は国務院（政府）と湖北省、重慶市などに対し、救助活動に全力を挙げるよう指示した。二日朝には李克強《リーコーチアン》首相らが現地に向かった。「人命は天より重い。捜索と救助に国家としての最大の力を注ぎ込め」。李が飛行機の中で開いた緊急会議で、そう号令したと国営メディアは大々的に伝え、国民のために全力を尽くす指導者像をアピールした。長江の濁った速い流れで難航する捜索を助けるため、三峡ダムから長江に流す水量を半分以上減らし、水位を下げるという思い切った措置も講じていた。

国営メディアは救助隊を激励したり、遺体に黙とうを捧げたりする李の姿を繰り返し報道した。政府は救援や捜索のために大量の人とモノを投入し、「総力戦」を展開した。影響はメディアにも及び、船会社や監督官庁の責任を指摘する独自報道はネット上から削除され始めていた。当局は世論が政府批判に向かわないよう神経をとがらせていた。しかし、行方不明者の捜索は思うように進まず、出てくる情報も少なかった。各地から続々と現地入りする行方不明者の家族らのいらだちは募るばかりだった。

六月三日になって中国政府は、外国メディアにも現場を公開するなど「透明性」を打ち出したが、批判的な世論がわき起こるのを防ぎたい思惑がうかがわれた。記者らは登録して専用バスに乗らなければ現場にたどり着けず、それ以外の道には武装警察官がびっしりと張り付いて封鎖した。

六十一歳の父親が乗船していた福建省の女性（二十三歳）は事故翌日の二日に夫ととも

に現場の監利県に駆けつけたが、ホテルでテレビにかじりついているしかなかった。女性は「誰も何も教えてくれない」と嘆く。「道路は封鎖されて現場にも行けない。生存者の名簿も出てこない。ここまで来ても、何の意味もない。一体家族はどうすればいいの」と憤った。妻の父親が乗船していたという三十七歳の男性は、難航する救助活動にイライラしながら「悲しいが最悪の事態も想定している。もし亡くなっているのなら、早く遺体を引き揚げてやってほしい。政府は賠償についてもきちんと検討してほしい」と求めた。上海に住む乗客家族の関係者によると、事故現場へ向かう手配をするよう求めた家族らが三日、数十人規模で上海市政府庁舎などを訪れ、興奮した一部が警察ともみ合いになったという。

救出された人たちが運び込まれた監利県人民病院には二日夜から三日朝にかけ、まだ安否がわからない乗客の親族らが情報を求めて駆けつけた。多くのメディアも訪れたが、病室前には公安当局者が張り付き、「中に入れるわけにはいかない。さっさと帰れ」と記者らを病院の外に追い出した。当局のこうした姿勢は、中国メディアに対しても同じようだった。武漢のテレビ局のクルーは長江沿いで取材しながら、「客船がどこで転覆したのかもわからない。現場には国営中央テレビしか近づけない」とあきらめ顔だった。当局から独自の取材と記事の掲載を控えるよう指示があったと明かすメディア関係者もいた。

六月五日には船底の一部が水面から見える状態の船の引き起こし作業が行われ、船内の捜索が始まった。午前七時過ぎから二台のクレーンを使って船体を回転させ、二時間ほどで上下を元に戻した。転覆時の衝撃からか、船は屋根の一部が大きく損傷していた。その後、クレーンを一台追加して船体をつり上げ、夜には船内の捜索を開始。政府はテレビで全国中継する一方、乗客の家族でさえ現場に近づかせなかった。五日午後七時までの死者数は当局発表で百三人になった。

監利県には乗客の家族ら千二百人以上が集まり、宿泊先などでテレビを見続けた。「遺体が傷ついてしまったらどうするの?」。夫が乗船していた福建省の女性は左手薬指の指輪をさすりながら、静かに語った。クレーンでの引き起こしには反対だ。「同じ指輪をしていたから、見ればすぐに彼だとわかる。遺体が傷ついて指輪がわからなくなったら、彼を見つけられない」。一方、兄の妻が乗船していたという上海市の六十三歳の男性は「専門的なことはわからないが、引き起こすのが遅すぎたのではないか。すぐにやっていたらまだ希望があったかもしれないのに」と不満を示した。

行動を起こす家族も出始めた。現場に入れないよう封鎖された道路の手前で、天津市から来た乗客の親族ら約三十人が座り込み、「家族に会いたい」「現場で花を捧げたい」などと訴える姿を見るのはつらかった。

家族らの動揺や不満を抑え込み、混乱を避けながら早期に船の引き起こし作業を終わらせた政権。「実行力」をアピールし、社会の安定を取り戻そうとしたのだろう。

転覆した船体内部の捜索は六日にほぼ終了した。政府の発表によると、七日までに確認された死者は四百三十二人になった。七日は犠牲者の「初七日」にあたり、引き揚げられた船の近くで追悼行事があった。周辺の船が一斉に警笛を鳴らし、捜索にあたる兵士らが黙とうを捧げたが、そこには乗客の家族の姿はなかった。

事故の原因究明に焦点あたらず

客船の転覆事故から一週間。国営中央テレビは八日も、夜通し続く遺体の捜索活動や、船内の遺品を集める作業を詳細に伝えた。「人民の命と安全に高度な責任を持つ党と国の姿勢は鮮明」などと国営メディアは政府の姿勢を称賛。「感動の瞬間」と銘打った救助活動の様子を流し、「犠牲者よ安らかに」といった感情に訴える報道を続けた。一方で、救助活動が適切だったかという視点や、原因究明についての報道はほとんどない。政府が体制批判につながることを恐れ、報道統制を強化しているとみられた。

捜索作業がひととおり終わったにもかかわらず、事故原因の解明にはなかなか焦点があたらない。「全力救援」をアピールし続ける国営メディアの姿勢に、市民や乗客の家族らから疑問や怒りの声が噴きだした。おじ夫婦が船に乗っていた上海の女性は「私たちは感動なんかしていない。対応する人が大変なのはわかるけれど、捜索が遅すぎて耐え難い」と不満をぶちまけた。「残る行方不明者が自分の家族なのかどうか。事故の原因は何なのか。知りたいのはもっと現実的なことだ」と言う。ネット上でも「四百人以上の命が失われたのに感動なんて」「空虚な言葉で感動を伝えれば、真相を追及しないとでも思っているのか」といった書き込みが相次いだ。

強化される習近平の権力基盤

転覆現場に近い小学校では乗船者の無事を願い、犠牲者を悼む黄色いリボンが柵に結ばれていた。韓国で前年四月に起きた旅客船セウォル号の沈没事故を思い起こした。取材に赴いた韓国でも、黄色いリボンは無事を祈るシンボルだった。

セウォル号沈没事故の死者・行方不明者は約三百人。いずれも船長が拘束され、二つの事故を重ね合わせた人も多い。ただ、長江の事故対応では「中国式」が際立った。

現場付近では世話係として乗客の家族に張り付いた当局者が、家族への取材をたびたび遮った。地元では政府の懸命な対応を伝える報道ばかり。家族の不満や原因究明を求める声はかき消された。多くのメディアや家族が近寄れない場所で救助活動を指揮する李克強の姿が映し出され、乗客の家族に詰め寄られていた韓国の朴槿恵《パククネ》大統領とは対照的だった。

客船が転覆した湖北省監利県の小学校の柵に結ばれた黄色いリボン（金順姫撮影、朝日新聞社、2015年6月）

当局は六月十三日、生存者は発表した十四人ではなく、十二人だったと訂正した。一日に起きた事故直後の混乱のさなかではない。「二人はどこへ消えた？」「うそだったのか」と疑問があふれた。中国式という言葉が「不透明」の代名詞として使われてもしかたがない。そう思わざるを得なかった。

中国では共産党による統治を続けていく上で、宣伝と世論工作は生命線だと位置づけられている。指導者が堂々と力強く指揮を執る姿を見せる。いかに庶民のために取り組んでいるのかをアピールし、統治の正統性を証明しようと腐心する。そして都合の悪いことは隠し、批判を封じ込めようとする力学が働く。

そんな政権の性格が如実に現れるのが、事件や事故の現場だと思う。中国各地に赴き、社会に問いを投げかける数多くの現場を踏んだ。そこでは被害者や少数者へのあたたかいまなざしは感じられず、共産党による一党支配の維持が優先されているように見えた。小さな声はなかなか届かない。

中国共産党はこの先、どのように揺るぎない一党支配を形作ろうとするのか。私が上海支局に赴任したのは二〇一二年十月。翌月には五年に一度の共産党大会が開かれ、習が中国の最高指導者となった。特派員生活を送る中で、習が政敵を排除しながら権力基盤を固めていく過程を見ることになった。それは、文化大革命への反省などから過度な権力集中を避けるために採られてきた集団指導体制から、強固な習の「一強体制」をつくりあげていく道のりだった。

私が中国を離任した翌月の二〇一六年十月には、共産党の中央委員会第六回全体会議

【中国共産党の組織】

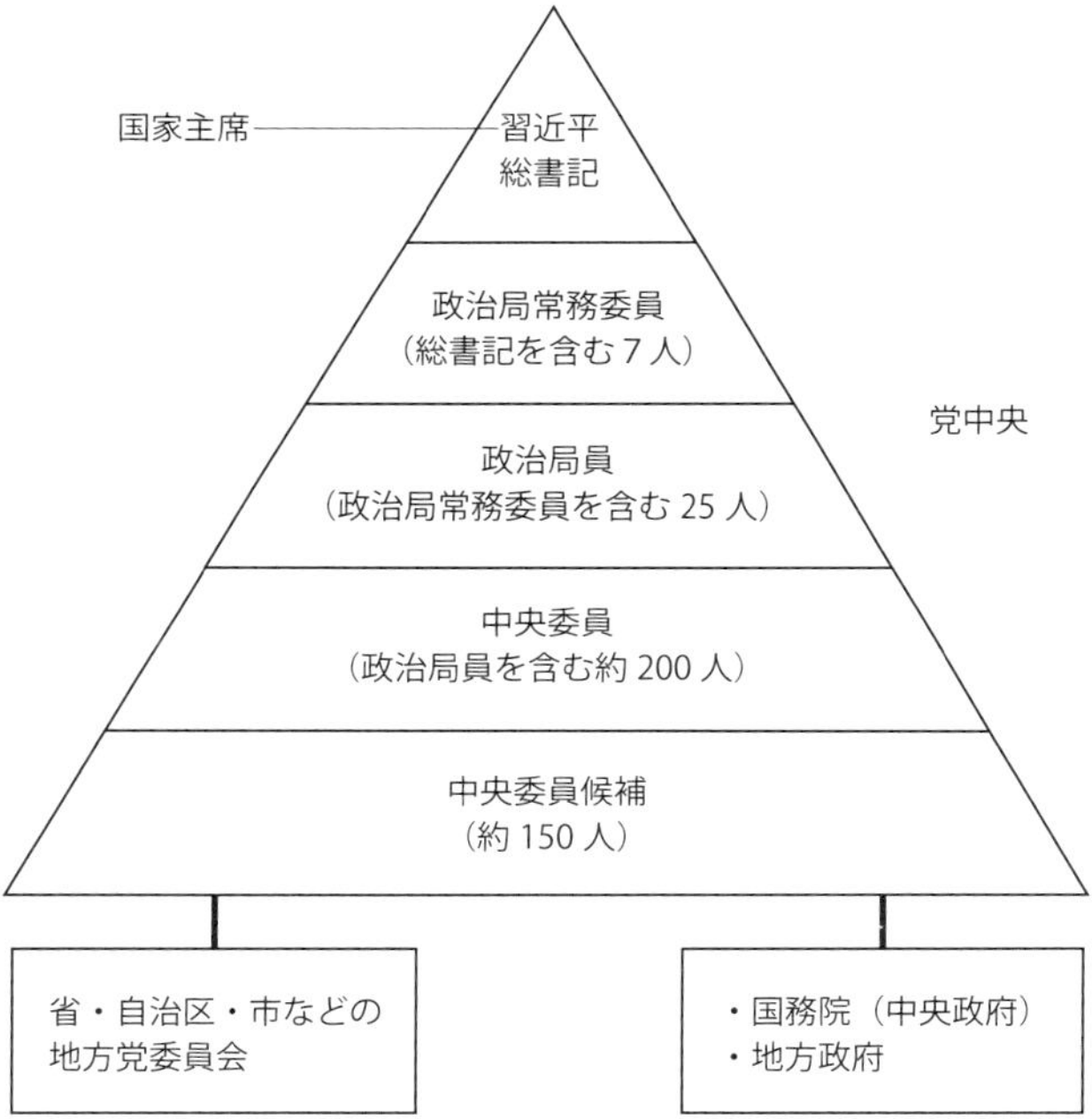

※ 各地方のトップは党委員会書記、ナンバー２は省長・自治区主席・市長ら

(六中全会)で習が「党中央の核心」と位置づけられた。建国の指導者である毛沢東《マオツォートン》のほか、鄧小平《トンシアオピン》、江沢民《チアンツォーミン》に使われた呼称だ。そして二〇一七年、十月十八日から開かれる五年ぶりの共産党大会で習の権力基盤はさらに強化される見通しだ。習の視線の先にあるのは、毛に比肩する権威を手中に収めた自身の姿だろうか。

人権や言論を制限しながら進む権力集中の足元で何が起きているのか。中国では妨害に遭って現場にたどり着けないことはざらだ。現場に行ってもほとんど何もわからないことだってある。ただ、現場に立ったからこそわかったこと、現場に行かなければ絶対に気づかなかったことがあったのもまた確かだ。

本書は、中国を知る上でともすれば埋もれがちだった問題に向き合い、政権が触れられたくない現場にも切り込もうとした取材の記録である。

第1章

燃え上がるウイグル問題
——当局への反発と相互不信

天安門前の車突入事件後、厳戒態勢が敷かれた新疆ウイグル自治区東部のピチャン県。4カ月前に襲撃事件が起きたルクチュンに通じる道には警察によって検問が設けられ、記者の現場入りを阻んだ。写真は検問を去る際に車内から撮影（金順姫撮影、朝日新聞社、2013年10月）

中国の「聖地」を覆った黒煙

北京の中心部にある天安門の前に四輪駆動車が突っ込んで炎上する事件が起きたのは二〇一三年十月二十八日、正午ごろのことだった。車はメーンストリートの長安街沿いの柵で隔てられた歩道に侵入し、観光客らをはね飛ばしながら五百メートル近く暴走した。最後には中国建国の指導者、毛沢東の巨大な肖像画のそばで燃え上がった。死傷者は四十人以上にのぼった。

十三億人を超える人々を統治する中国共産党のまさに顔のような場所である。中国版ツイッター「微博《ウエイボー》」にも、毛の肖像画のそばでたちのぼる赤い炎と真っ黒な煙の画像が出回った。のちに公開された監視カメラの映像は、居合わせた人たちを車両が次々とはねる姿を映し出していた。中国政治の「聖地」であってはならない事態に、発足からまもなく一年を迎えようとしていた習近平指導部は震撼したはずだ。

聖地であったことだけが理由ではない。事件を起こしたのが、新疆《しんきょう》ウイグル自治区出身のウイグル族とみられることが衝撃をさらに大きくした。ウイグル族は中国で当局が認定した五十五の少数民族の一つだ。イスラム教の信仰や生活習慣などに対する抑圧的な政

新疆ウイグル自治区
N
ロシア
モンゴル
カザフスタン
石河子
ウルムチ
イーニン
イリ・カザフ自治州
ルクチュン
バイ
クチャ
キルギス
新疆ウイグル自治区
青海省
カシュガル
ヤルカンド
タジキ
スタン
グマ
ホータン
チベット自治区
0
200km

策への反発が強まり、ウイグル族と当局の対立が年々深まっていた。自治区ではそうした対立感情を背景に、ウイグル族による犯行とみられる爆発や警察署襲撃などが頻繁に起きていた。それが、厳重な警備に守られた首都北京にも拡散したのだろうか。中国政府が指摘されることを嫌う少数民族問題にスポットが当たるのは避けられない状況になった。

第一報を聞き、徐々にウイグル族の関与の可能性が濃厚になっていくのを見ながら、それまでの自治区での取材を思い返していた。漢族・当局側に対するウイグル族の反発と相互不信、分断の高まりをひしひしと感じていた。抑圧が反発を呼ぶ状況は悪化していると思えてならなかった。これから何が起ころうとしているのか。際限のない負の連鎖が続くのだろうかと、暗い気持ちをかき消すことはできなかった。

ルクチュンで起きた前兆

天安門前の車突入事件が起きる四カ月前の二〇一三年六月二十六日には、新疆ウイグル自治区の東部に位置するトルファン地区のルクチュンで襲撃事件が起きていた。いま振り返ると、天安門前の事件に至る「前兆」とも位置づけられる事件だ。

ルクチュンの人口は約三万二千人。一割が漢族で、八十八パーセントがウイグル族。残りの二パーセントが他の少数民族となっている。

刃物を持った集団が二十六日の朝、警察署や地元政府庁舎を襲い、複数の警察車両に放火した。当局の発表によると、この事件では市民や警察官、警備員ら二十四人が犠牲になった。一方、事件を起こした容疑者十一人を警察官がその場で射殺したといい、死者は計三十五人。ほかに逃亡した容疑者もいたと説明していた。

ここで中国大陸での取材態勢に触れておきたい。

約九百六十万平方キロという広大な中国大陸をカバーしている朝日新聞の記者は総勢七人。北京、上海、広州、瀋陽に取材拠点を置き、現地の中国人スタッフとともに取材を続けている。私は二〇一二年十月から上海支局長として、いつもは上海で取材活動にあたっていた。遠く離れた場所で起きた事件のすべてについて、現地に行って取材することはできない。それだけに記者には事件を見極め、ニュース価値を判断する力が求められた。

そんな中でも、新疆ウイグル自治区での取材には思い入れがあった。一部の官製メディアの著しく限られた報道をのぞいて、中国の記者はまず独自に自治区の現状を報じることはできない。少数民族問題の報道は人権問題と並び、外国メディアの記者が中国に駐在する大きな意義の一つだと思って取り組んできた。新疆ウイグル自治区は上海支局長の私の持ち場となった。

ルクチュンでの事件発生当初、国営新華社通信は死者を二十七人と伝えていた。緊張が続く新疆ウイグル自治区での多数の死者。これはただごとではない。同僚たちが現地に電話取材を試みた。襲われた警察署から約一キロ離れた地点でレストランを経営する回族《かいぞく》の男性は「銃声も聞こえた。町は戒厳状態だ」と答えた。襲撃の現場から約三百メートル離れた場所に住む漢族の女性は「表には警察と武装警察以外に誰もいない」と声を震わせた。現地の緊迫した様子は電話越しでも感じ取れるレベルに達していた。

事件の報に接し、私はためらうことなく上海から現場に向かうことにした。上海から自治区の区都ウルムチまでの距離は三千キロを超え、飛行機で約五時間かかる。ウルムチからルクチュンには車で向かう。広大な中国の各地で取材するようになってから、交通手段や宿泊先を確保するのと、短時間でスーツケースに荷物をまとめるのはうまくなった。

しかし、ウルムチを出てルクチュンにたどり着く前に道路に設けられた検問に引っかかり、武装警察官たちに尋問されたあとはそれ以上進むことができなかった。現地入りできるかどうかは運不運に左右されることもある。

検問では身分証の提示を求められる。外国人はパスポートを見せることになるのだが、ビザの種類で外国の記者であることがすぐにばれてしまう。毎回食い下がるのだが、武装警察官から強い言葉で、時には脅すような調子で追い返される。彼らはさすがに手荒なことはしなかったが、毎回かなりの緊張を強いられた。

検問で警察官に止められた時はすでに夜。近くのホテルに連れて行かれ、翌朝まで留め置かれた。私があてがわれた部屋のドアの外では、銃を持った警察官が朝まで見張っていたようだ。翌朝にはホテルに地元政府の役人が二人連れで訪れ、「あなたの取材の手伝いをする」と言う。これは中国で、当局が自分たちに都合の悪い取材を妨害する時によく使う言い回しだ。「取材のお手伝いをしたい」と、上海勤務の約四年間に各地で何回言われたことか。よくあるパターンで、言うまでもなく当局者は手助けなどしない。名所や観光地に連れて行かれ、時間を浪費させられるのがオチだ。こちらの望む取材をさせないよう、当該地域を出て行くまで見届ける。私を警戒して何人もの警察官や役人を投入してくるとは、当局も事件についてかなり神経質になっているのだろう。

こうしてルクチュンには行くことができないまま、現地での取材は断念するしかなかった。容疑者たちの人物像やつながり、動機はわからずじまいだった。だが、その後の自治区政府当局者への電話取材で一つだけわかったことがある。襲撃グループは十七人にのぼり、当局者は「全員ウイグル族だ」と明かした。自治区での取材で知り合ってから信頼関係を保ってきた相手の言葉だ。取材を妨害されることが多くても、やはり現地に行かなければこのような関係はつくれない。

ウルムチ騒乱

ルクチュン入りを阻まれた私は翌七月、またウルムチに向かった。漢族とウイグル族の大規模な衝突が起きた「ウルムチ騒乱」から四年を迎える新疆ウイグル自治区を取材するためだ。ウイグル族の民族意識が高まる敏感な時期。ルクチュンでたどり着けなかった事件の真相や、背景につながる糸口を見つけられるかもしれない。

ここで、ウルムチ騒乱について説明しておきたい。二〇〇九年七月五日、ウルムチでデモ行進をしていたウイグル族の学生らが治安部隊と衝突した。一部は暴徒化し、漢族の商店などを襲撃した。前月に広東省のおもちゃ工場で漢族がウイグル族を襲った事件への抗議が発端だといわれている。大規模な騒乱となり、当局の発表で百九十七人が死亡、千七

ウイグル族をめぐる事件

（人数は当局発表）

2009年７月	新疆ウイグル自治区の区都ウルムチで大規模騒乱。197人死亡、1700人以上負傷。
2013年６月	新疆ウイグル自治区ルクチュンで武装グループが警察署などを襲撃。24人死亡、容疑者11人射殺。
６月	新疆ウイグル自治区ホータンで当局がモスクでの礼拝を中止させ、抗議の住民との衝突に発展。
10月	北京の天安門前に車両が突入して炎上。３人死亡、39人負傷。容疑者３人死亡。
2014年３月	雲南省の昆明駅で無差別切りつけ。31人死亡、141人負傷。容疑者４人射殺。
４月	ウルムチ南駅で爆発。１人死亡、79人負傷。容疑者２人死亡。
５月	ウルムチの朝市に車両が突入して爆発。39人死亡、94人負傷。容疑者４人死亡。
７月	新疆ウイグル自治区ヤルカンド県で武装グループが地元政府庁舎などを襲撃。37人死亡、13人負傷。容疑者59人射殺。

百人以上が負傷した。二日後にはウイグル族に反発した漢族数千人によるデモが起き、一部が暴徒化してウイグル族の住居などを襲った。この日の被害者数を当局は公表していない。

中国社会の圧倒的多数を占める漢族と、少数民族であるウイグル族。ウイグル族には、自治区の政治と経済の主導権を漢族に握られているとの不満がある。現在の当局との抜き差しならない関係を語るのに、ウルムチ騒乱は避けて通れない。いまに至る民族間の亀裂が決定的になった出来事といえるだろう。この後、当局はウイグル族の不満に対して、力で押さえつける以外の

ウルムチ騒乱をめぐって拘束された夫たちを返すよう抗議、武装警察と衝突するウイグル族の女性たち（共同通信社、2009年7月）

方法を見つけられずにいる。そして、反発は先鋭化するばかりだ。

テロ情報の提供者に懸賞金

二〇一三年七月三日、かつて騒乱の現場となったウルムチの中心部を歩いた。そこは静かな緊張に包まれていた。一見穏やかな日常にも見えたが、市民が憩う人民広場でも、繁華街でも、銃や警棒、盾を手にした武装警察官らがにらみを利かせていた。その姿に目をやると、威圧的な鋭い視線が返ってくる。私のほかには警察官に目を向ける人は見あたらなかった。みな何も変わったことはないように通り過ぎる。この時私は、面倒に巻き込まれたくない意識から目を向けないでいるのだろうと思った。その後継続して現地で取材をするうちに、そうした要素もあるだろうが、それが住民たちにとって「日常の当たり前の風景」になっていることに気づいた。

当局は全力で不審な動きを封じ込める構えを見せていた。ウルムチ騒乱から四年になるのを間近に控えた敏感な時期に、ルクチュンで多数の死者が出る襲撃事件が起き、その二日後には自治区南部ホータンでも事件が起きていた（この事件についてはのちに詳述する）。ウルムチ騒乱のような混乱が再び起きれば、前年に発足したばかりの習指導部の威信に傷がつく。政権運営を軌道に乗せられるか、新疆ウイグル自治区の安定はその試金石の一つともいえた。

政権の意向を受け、自治区公安庁は七月一日、テロ犯罪に関する情報提供者に五万〜十万元（約八十万〜百六十万円）の懸賞金を出すと発表。テロ犯罪者が七月末までに自首すれば、できるだけ寛大に処分すると呼びかけていた。十五センチを超える先のとがった刀や爆発物などを自主的に提出するよう求める通告も出した。十日以内にこの「刀狩り」に応じなければ厳罰に処すという。

街に入り込めば、漢族や当局の姿勢に対し、ウイグル族の不満や反発が強まっている雰囲気を感じた。「銃を持って街でパトロールしている連中は、いつでも我々ウイグル族に発砲する用意ができている」と、ウルムチの二十五歳の自営業男性は当局側への不信感を隠さなかった。ウルムチで建設の仕事をしている二十八歳のウイグル族男性は「自治区に移り住んでくる漢族は、羊の串焼きを好むという程度にしかウイグル族のことを理解していない」と不満をこぼした。就職活動の際に、複数の会社からウイグル族と知られた途端に面接を拒まれたという。

ウイグル族の三十代の男性会社員は、六月二十九日にウルムチで道路を封鎖して行われた装甲車による大規模な軍事演習に触れ、「当局は自分たちがこれだけ実力があると見せつけたかったんだろう。不安な気持ちにさせられた」と嘆いた。

締め付けで深まる悪循環

ウルムチ騒乱から四年を迎えた七月五日、各地に警戒のため大量の武装警察官や装甲車が投入された。ウルムチの観光スポット「国際大バザール」で工芸品を売っていた二十代のウイグル族の女性は、「(最近の事件を受けて)周りに武警がたくさんいて、商売への影響が大きい。最近の売り上げは普段の十分の一ぐらいまで減ってしまった」とため息まじりに語った。

ウルムチの中心部に建てられた、壁が所々はげ落ちた無人のビルの周りでは、武装警察が行き交う人たちに鋭い目線を向けていた。「ラビアビル」と呼ばれる鉄筋コンクリートの建物。亡命ウイグル人組織、世界ウイグル会議（本部＝ドイツ・ミュンヘン）のラビア・カーディル主席がかつて建てた商業ビルだ。

ラビアはウルムチで成功を収めた実業家だった。しかし一九九七年の演説で、中国当局のウイグル族に対する政策を批判。一九九九年に逮捕、投獄され、二〇〇五年に米国に政治亡命した。中国共産党から「反中分裂活動を扇動している」と厳しく批判されている。

以前、ビルの中に店があった三十代のウイグル族の女性は「あのビルは、たくさんのウイグル族が生活していくために役立っていた」と話した。

当局にとって少数民族の「優等生」だったころのラビアは、全国政治協商会議（政協）の委員も務めていた。政協は「愛国統一戦線組織」といわれる国政諮問機関。「多党協力制」を掲げる中国共産党が、少数民族や各界の「愛国人士」の意見を政策に反映させる枠組みとされている。ただ、政協のトップである主席は、共産党最高指導部の政治局常務委員であり党内序列四位の兪正声《ユイチョンション》が務めていた。

六月二十九日に話を戻す。「テロ犯罪を厳しく取り締まる態勢を保て」。兪はウルムチでの幹部大会で檄《げき》を飛ばした。ルクチュンでウイグル族による襲撃事件が起きた三日後のことだ。「テロ犯罪」という言い回しは、民族対立を際立たせることを避け、暴力事件の阻止を「テロとの戦い」と位置づけようとするものだ。当局は「テロ分子は新疆の各民族にとって共通の敵だ」とアピールしており、暴力事件が民族対立によるのではなく、一部の犯罪者による行為だと強調する狙いが見える。

兪は共産党内に設けられた作業チーム「新疆工作協調小組」の組長も兼任する。胡錦濤《フーチンタオ》前国家主席の体制のもとでは、司法と警察分野を統括する中央政法委員会書記の周永康《チヨウヨンカン》が組長だった。習体制になって政協トップの兪が組長になったことは、ウイグル族に対する政策を治安のために「抑え込む」のではなく、政権側に「取り込む」方向に変える兆しではないか、との見方が当時はあった。いま顧みれば、当初はウイグル族を取り込む意図があったのかもしれないが、相次ぐ事件とそれに対応する当局の締め付けが相まって激化するという悪循環が深まっていった。

一方、兪のウルムチ入りの前夜、習は政治の中枢である北京の中南海で、共産党の重大な意思決定権を持つ政治局常務委員会議を招集し、新疆ウイグル自治区の安定を図るよう指示した。兪の言動は、この中南海の会議で決まった方針に沿ったものとみられた。一連の動きは、共産党の最高指導部が新疆ウイグル自治区の安定に対して危機感を強めている表れだった。

「新しい土地」「新しい領域」

新疆ウイグル自治区は中国に五つある自治区の一つで、中国北西部に位置し、カザフスタンやタジキスタンなど中央アジア諸国と国境を接する。総面積は約百六十六万平方キロ。希少金属や石油などの資源があり、国防上も重要な場所だ。

もともとイスラム教を信仰するトルコ系のウイグル族が多く住む。中国側は漢などの時代にも領土の一部だったと主張している。十八世紀に清朝が征服し、その後「新しい土地」「新しい領域」という意味の新疆と名付けられた。清朝に征服されたあと、ウイグル人による「東トルキスタン」建国を目指す運動が起きた。歴史的に独立意識が強い地域といえる。一九三〇〜四〇年代には二回独立が宣言されたが、一九四九年の新中国成立を経て、一九五五年に自治区が設けられた。

中国政府は、自分たちのことを決められる「自治権」を与えるという建前で新疆を組み込んだ。その後、多数派の漢族の大量流入が進んでいる。自治区の統計によると、総人口約二千三百万人のうち、漢族以外の少数民族が約六割を占める。漢族の移住によって民族間の摩擦が深まった。一九六六年からの文化大革命の時代には、イスラム教寺院が壊されたり教典が焼かれたりもした。

一九九〇年代以降は旧ソ連の崩壊に伴う中央アジア諸国の独立を受け、ウイグル族の独立機運も高まった。中国政府は自治区の分離独立は決して容認しないとの立場だ。近年は経済的に豊かな漢族との格差や就職差別にも、ウイグル族の不満が募っている。

「綿密に計画された組織的テロ」

天安門前の車突入事件が起きたのは二〇一三年十月二十八日。ウルムチ騒乱から四年の取材で新疆ウイグル自治区を訪れた時に感じた緊迫感と、わずか約四カ月のちに中国政治の中枢で起きたことは同じ根っこでつながっているのだろうか。これまでの中国では考えられなかったような事態が起きているのかもしれない。真相を追うには厳しい取材になることが予想された。

当局は事件後、北京を中心に必死の捜査を続けていた。北京の同僚の取材によると、複数の宿泊施設に事件が起きた十月二十八日から二十九日にかけて、「二十八日、市内で重大な事件が発生した」などとする複数の通知を出した。そのうちの一部は、容疑者として自治区出身の男二人の実名と身分証の番号、本籍を示し、「違法な容疑車両」として四台の小型四輪駆動車のナンバーを列記していた。

容疑者の名前はウイグル族など西域の少数民族に多いもので、四台の車はいずれも自治区ナンバーだ。宿泊施設に対し、十月一日以降の宿泊者や車両を調べ、容疑者の手がかりが見つかればすぐに報告するよう求めていた。

また、北京市内の複数の自動車修理工場によると北京市公安局は二十八日、捜査協力を求める緊急通知を配布していた。新疆ウイグル自治区出身者による修理依頼や自治区ナンバーの車に注意するよう促し、「車両の改造や、ガソリン・爆薬・銃器などについて疑わしい状況があればすぐに派出所に報告せよ」と求めていた。

十月三十日になると公安当局は、五人の容疑者を拘束したと発表。事件を「綿密に計画された組織的テロ」と断定した。炎上した車内でウイグル族の夫妻と夫の母親の三人が死亡し、車の中からは容器に入ったガソリンや二本の刀、鉄製の棒のほか、イスラム原理主義に関する記述が書き込まれた旗も見つかったという。

ルクチュンの前にそびえる壁

私はといえば、事件翌日の十月二十九日、上海から新疆ウイグル自治区に飛んだ。公安当局が出した手配書をもとにまずは容疑者たちの戸籍のある地に赴いて、彼らを知る人物を見つけだして話を聞き、素性や動機を探るためだ。道のりは遠い。飛行機でウルムチに着いてその日は一泊し、翌朝目的地に行くことになった。

どこに向かうべきか。手配書には八人の容疑者の名前と身分証の番号、戸籍の住所が記載され、情報の提供を呼びかけていた。戸籍不明の一人をのぞく全員が自治区の出身だった。

行き先を考えた末に、一人の容疑者の戸籍があるルクチュンを選んだ。六月に三十五人が死亡した襲撃事件が起きた場所だ。天安門前の車突入事件の容疑者は、六月の事件と接点がある人物なのだろうか。当局とウイグル族との対立感情で両方の事件は結びついているのかもしれない。そんな仮説を立て得る状況だった。暴走車両に乗っていた三人のうち一人は六月のルクチュンの事件で当局に射殺された容疑者の遺族で、報復目的の自爆事件だという一部情報もあった。

十月三十日朝、ウルムチを出て車でルクチュンを目指した。山深い道を分け入っていく。ルクチュンが属するピチャン県まで来た。この地域でよく見られる、オレンジがかった色の砂が剝き出しになった樹木のない山肌が続く。容疑者の戸籍の住所まであと三十分ほどの場所まで来た時に、山あいの道で七人の警察官が検問をしているのにぶつかった。目的地までに検問がないことはまず考えられないので当然心の準備はしているのだが、いよいよ来たかと思うとやはり緊張が走る。

地元の人が乗っているらしい車は簡単な質問だけで通過していたが、私は身分証の提示を求められた。パスポートを確認した警察官は「記者ですね？　我々はいま容疑者を追っている。これ以上進むことは許さない。引き返せ」と命令してきた。何の事件の容疑者かと問うと、「言えない。我々には仕事の規律がある。行け」と厳しい表情を崩さない。なおも「どんな事件があったのか」と問い続けたが、「車に乗れ！」ときつい口調で追い立てられた。天安門前の車突入事件を受けた捜査で、新疆ウイグル自治区全体が緊迫した雰囲気に包まれていることが想像された。

ピチャン県内のルクチュンに通じる道はどこも、大勢の警察官が厳戒態勢を敷いていた。車を一台ずつ止めて身分証をチェックする。トランクを開けて爆発物や刃物などがないか荷物を検査されることもあった。別のルートでルクチュン行きを試みたが、やはり警察官らに阻まれた。ここでも重ねて理由を尋ねたが、警察官は「ここから先へは行けない」と繰り返すばかりだった。検問の撮影をすると即座に警察官が飛んできて、強い口調で画像の削除を求められた。

ルクチュンの前にそびえる当局の壁はまたしても高かった。六月に続いて結局この日も、目的の場所にたどり着けなかった。それでも、天安門前の車突入事件について何らかの手がかりがつかめないかとピチャン県の住民に話を聞いて回ったが、事件につながる情報は得られなかった。

電気店を営む漢族女性（五十三歳）は、三歳のころから自治区内で生活している。「ウイグル族は漢族が自分たちの土地を奪ったと思っている。漢族とウイグル族が仲良くなるのは百パーセント不可能だ」というのが実感だという。

洋服店店主のウイグル族女性（二十五歳）は、ウルムチで専門学校を卒業する時に就職できず、やむなく故郷のピチャン県で店を開いた。「仕事が見つからなかったのは、ウイグル族に対する差別のせいだと思っている」と言う。薬局店店員のウイグル族女性（二十四歳）は「四年前のウルムチ騒乱のあと、漢族の友人が自分からどんどん離れていった」

と語った。

容疑者の両親が見せた涙

十月三十日、ルクチュンに入れずウルムチに引きあげた私だが、このまま上海に帰るわけにはいかない。当局が出した容疑者たちの手配書をながめ、次はどこに行くべきか考えた。

拘束された容疑者の足跡を探るため、翌日の朝、ウルムチから飛行機で約一時間の場所にある自治区北西部のイーニンに向かった。そして手配書をもとに、拘束された五人のうちイーニンに戸籍を置く三十六歳のフサンジャン・ウフル容疑者の住所を訪ねた。

フサンジャンの出身地は、イーニン中心部から車で約十五分の村だった。村には着いたが、容疑者の家は見つからない。見慣れない人間はすぐに通報されてしまう恐れがあるため、なるべく目立たないように神経を張り詰めながら聞き込みを続けた。そうしてやっと、長兄が経営する食堂を探しあてることができた。

五十一歳だという長兄に事件のことを尋ねると、長いため息をついた。「弟はとても明るく、お酒やたばこが好きだった。友だちにも好かれていた。信じられない」

事件があった十月二十八日の午後五時ごろ、長兄が実家近くの派出所から呼び出しを受けた。弟の名前を挙げて、「テロ活動にかかわっている」と告げられた。「弟は一体何をしたのか」。尋ねてみたが、具体的なことは何も話してもらえなかった。ただ「車の衝突で乗っていた三人が死亡した」とだけ伝えられたという。その後、地元政府の関係者から、テロにかかわった車は弟の名義だったと教えてもらった。ただならぬことになっているとは感じていたが、弟が当局に拘束されたことは知らなかった。

長兄は少し離れたところにある、茶色のれんが塀を持つ実家まで案内してくれた。じゅうたんが敷かれた部屋に招き入れられ、七十五歳の父親と七十二歳の母親も取材に応じてくれた。

両親らによると、フサンジャンは二〇〇三年に実家を離れてウルムチに出た。その後は運転手などで生計を立てていたという。七人兄弟の六番目。母親は「性格は穏やかで、親孝行な息子だった」と語った。心臓の悪い両親のために、ウルムチで働きながらお金を送ってくれていたという。父親は、長兄が派出所に呼ばれたことを聞いて「頭が真っ白になった」と振り返る。

両親はそろって白いハンカチで涙をぬぐいながら声を振りしぼった。「テロを起こしたなんて、まったく信じられない。無実を信じている」。両親はさらに、息子とイスラム原理主義は「絶対に関係ない」と強い調子で訴え、ほかの家族も全員が関わりを否定した。

この時には想像だにしなかったが、この一カ月余り後の二〇一三年十二月、フサンジャンの母親と二番目の兄が交通事故で亡くなっていた。フサンジャンの両親のその後が気づかわれ、二〇一六年夏にイーニンを再訪した際に父親から聞かされた。ショックだった。私を玄関まで見送ってくれ、いつまでも手を振ってくれた小さな母親の姿、そのねぎらうようなほほえみを忘れることはできない。

取材に応じた両親は拘束された息子の安否を気づかい、涙ながらに語った（イーニン、金順姫撮影、朝日新聞社、2013年10月）

天安門前の車突入事件の容疑者であるフサンジャンの家族の肉声は、翌日の朝刊で大きく取り上げた。母親がハンカチで涙をぬぐい、父親が悲しみにくれる様子をとらえた写真とともに掲載された。

フサンジャンには家族が知り得なかった別の顔があったのかもしれない。家族の話だけをもって事件との関わりの有無を語ることはできない。それでも、当局の発表を待ってそのまま伝えるのではなく、事件の関係者に直接取材をして小さな声も拾うことは、それまで見えてこなかった事件の一面に光を当てることになり、真相を明らかにするために欠かせないプロセスだと感じた。情報統制をされるまま引き下がるわけにはいかない。私たちの自由な報道によって、事実に一歩でも近づきたかった。

幕引きを急ぐ当局

フサンジャンの両親への取材をしてから七カ月半後の二〇一四年六月十六日、天安門前の車突入事件の三人の被告人に、「テロ組織を指導した罪」と「危険な方法で公共の安全に危害を加えた罪」で死刑判決が下された。三人の中にはフサンジャンも含まれていた。ほかの被告人らは無期懲役などの実刑判決となった。二〇一四年八月には、三人の死刑囚に刑が執行された。発生から一年も経たないうちに、当局は動機や背景を明かさないまま事件の幕を引いた。

この事件をどうとらえるか。はっきりした根拠を示さない状況の中で当局は事件を「綿密に計画された組織的テロ」と断定する。しかし、検証の手がかりのない外国メディアからは「透明性が乏しいため判断できない」などとして当局発表への疑問の声が上がった。

もとより暴力や殺人は絶対に正当化できない。一方で、こうした事件を生みかねない環境にも目を向けるべきだという主張も出た。

「一部で今回のテロと中国の民族宗教政策を結びつけ、中国の民族宗教政策を中傷する者までいるが、これはテロリストを容認する行為だ」。中国外務省の報道官は記者会見で「強烈な不満」を表明した。国営中央テレビも、米CNNが中国の民族宗教政策を批判したとし、中国のネット上でCNNの報道に対して強い反発が出ていると報道。ロサンゼルスの空港で起きた銃乱射事件を引き合いに出し、「米国人は自分が受けたテロしかテロ攻撃と呼ばないようだ」というネットユーザーの声を紹介した。

当局は天安門前の車突入事件について、ウイグル独立派の東トルキスタン・イスラム運動（ETIM）の関与があったと強調した。「ETIMは国連安全保障理事会が認定したテロ組織だ」（中国外務省の報道官）と言及するなど、自国の対応への国際的な共感を得たい思いがにじむ。それだけに、自らの発表に懐疑的な国外の報道にはいらだちを隠せないようだった。

天安門前の事件では当局の手配書や名前などから、死亡または拘束された容疑者らはいずれもウイグル族とみられているが、当局は容疑者の民族を公表していない。ルクチュンの襲撃事件も、取材に応じた自治区政府当局者は襲撃グループは十七人全員がウイグル族だと話したが、公式には明かされていない。背景には、少数民族問題の存在に焦点があたるのを避けたい中国当局の思惑があるとみられた。

ウイグル族側には、イスラム教の自由な宗教活動が認められず、伝統や文化が尊重されていないという不満がある。ウルムチ在住の二十五歳のウイグル族男性は「漢族が新疆にやってきて、どこもかしこも酒場とカラオケだらけになってしまった。私たちの文化によくない影響を与えている」と言った。「ウイグル族をめぐる問題というのは、文化の衝突の問題だと思う」と話していたのが印象に残る。

中国で生活していると、こうした不満が多数派の漢族に理解されているとは言い難い現状を思い知らされた。「彼らは一体何が不満だと言うの？」と真顔で私に問いかけた漢族の友人は一人や二人ではない。中国政府は新疆ウイグル自治区の経済発展に力を入れており、経済的な恩恵を受けているではないか、これ以上何を求めるのかという理屈だ。政府の少数民族に対するその他の優遇政策にも、漢族の反発がある。

漢族とウイグル族の間に存在する溝の深さに、たびたび暗い気持ちになった。習指導部が一連の事件を受けて少数民族への「引き締め」や「抑え込み」の方向に走れば、民族間の対立と混迷は深まるばかりではないか。抑え込むことで事態は好転しないというのが、自治区での取材を重ねるほど強まる実感だった。

封鎖されたモスク

天安門前の車突入事件の翌年、二〇一四年一月。私には気になることがあった。前年六月、新疆ウイグル自治区東部のルクチュンで三十五人が死亡した襲撃事件の直後に、南部ホータンで起きた事件。自治区の政府系ニュースサイト「天山網《ネット》」に載ったごく短いニュースが、不可思議なものだったからだ。振り返るとこれも、四カ月後に起きることになる天安門前の事件へとつながる「前兆」だったのかもしれない。

ニュースはたったこれだけだった。「ホータンで武器を持った集団が騒ぎを起こした。公安当局が速やかに対応。騒ぎを起こした人物を拘束し、事態は静まった。大衆に死傷者はいない」

一体何が起きたのか。一月十九日、現地に向かった。ホータンの農村部を訪ねると、モスク（イスラム教礼拝所）の入り口には鍵がかけられ、出入りできなくなっていた。ウイグル族の三十二歳の男性は「モスクを使えなくするなんて、私たちの宗教活動には大きな問題だ」と当局への不満を口にした。

複数の地元住民の話によると、いきさつはこうだった。

二〇一三年六月二十八日午後、当局者がモスクを訪れ、「違法な宗教活動をしている」として礼拝を中止させた。怒った参加者から「政府に抗議しよう」との声が上がり、大勢の住民が地元政府庁舎に向かった。警察が出動し、住民が相次いで拘束された。人数は不明だが、一連の衝突でけが人や死者も出たとみられる。

モスクは事件後、立ち入りが一部制限されたが、二〇一四年に入って完全に使えなくなってしまったという。

モスクから遠くない場所で、息子が当局に拘束されたままだという夫婦に出会った。六十五歳の父親によると、二十七歳の三男メットルスンは宗教指導者の立場にあったが、二〇一三年五月に当局によって解任させられた。その後は街で鶏を売って生計を立てていたが、衝突の知らせを受けてその日急きょ地元に戻った。

当局からの求めに応じて派出所に出向いたところ、そのまま拘束された。「極端な宗教思想を違法に広めた」との理由だった。五十七歳の母親は「息子は何も悪いことはしていない。無実だ」と言って私の前で泣いた。

ホータンで教育関係の仕事をしているウイグル族の二十代男性に話を聞いた。この事件以降、当局による締め付けが一段と強まったと感じていた。当局者がウイグル族の家に突然押しかけたり、道で身分証の提示を求めたりすることが増えた。「公務員になったウイグル族は職場でいつまでも出世できない。漢族とウイグル族がけんかをしても、警察はウイグル族だけ捕まえて取り調べる」と差別的な待遇を訴えた。

民族間の摩擦の現場はほかにもあった。

ウルムチから車で約二時間。石河子《シーホーツー》には、イスラム教の慣習に従ってウイグル族の死者が埋葬されている墓地がある。二百〜三百年ほどの歴史があると伝えられる。ところが、中国メディアなどによると、開発業者が二十億元（約三百三十五億円）を投資し、ここにショッピングセンターなどを建てる計画が進んでいた。地元政府は開発を認め、墓地の取り壊しを決定。すでに墓の一部が撤去されたという。

ここも二〇一四年一月に取材した。住民は二〇一二年末からこの計画に反対の声を上げていた。デモや座り込みには、多い時には約千人が参加していた。

両親と祖父母をここに葬った四十五歳の男性は「空港や道路、学校をつくるというなら話は別だが、私企業のためというのは絶対反対だ」と語った。親類十数人が埋葬されているという四十七歳の男性は「イスラム教徒のことがまるで考慮されていない。開発業者の利益がそんなに大事なのか」と地元政府への怒りがおさまらない。墓地にはほかの少数民族が使う一画もあり、回族の住民らにも反対の声が広がっていた。

昆明駅の無差別切りつけ事件

新疆ウイグル自治区、そして首都北京以外の場所で大規模な暴力事件が発生した。

現場は中国南部の雲南省。ホータン、石河子で取材をした一カ月半後の二〇一四年三月一日夜、雲南省昆明市の昆明駅で刃物を持った集団が居合わせた人たちを無差別に切りつける事件が起きた。一日夜の時点で少なくとも三人が死亡、百人以上が負傷したとの情報が入った。

ネット上では「長い刃物を持った黒ずくめの男たちが人々を追いかけた」「犯行グルー

プの中にウイグル族らしい人間がいた」との情報も飛び交っていた。中国版ツイッター「微博」では、事件発生直後に撮影されたとみられる現場写真が多数、投稿された。駅構内や周辺の路上とみられる場所で血を流して倒れている人々の姿や、多数の警察官や救急車が駆けつけている様子が見て取れる。犯行は広い範囲で行われた可能性が高かった。

翌朝、飛行機で昆明に向かった。昆明の空港からはタクシーで昆明駅に急いだ。

事件から一夜明けた三月二日、現場の昆明駅は利用者で混み合っていた。こんな場所で殺傷事件が起きたとはすぐには信じ難い。ただ、駅前広場では銃を抱えた武装警察官らが不審な動きがないか目を光らせていた。

「黒いコートを着て覆面をした男女二人が大きな刀で次々と人を切りつけた」。昆明駅前のたばこ店の三十七歳の従業員女性は、事件当夜を振り返って声を震わせた。容疑者の女は居合わせた人ののどを刺し、男は別の被害者の腹を突き刺していったという。

人々が逃げ惑うなか、容疑者を追いかける警察官が「人殺しはやめろ」と叫んでいた。周囲には七人ほどが倒れ、辺り一面に大量の血が流れていた。そう語る女性の証言は生々しかった。

負傷者は、周辺の十数カ所の病院に搬送された。昆明駅に近い病院では病室が足りないのか、廊下のベッドにけが人が横たわっていた。

広東省から出張に来ていた三十歳男性は一日の夜、昆明駅の切符売り場にいた。突然たくさんの人たちがなだれ込んできたかと思うと、刀を持った男が人を切りつけながら近寄ってきた。男は黄色っぽい上着を着ていた。刀の刃は四十センチぐらいで、少し湾曲していたという。

男性は逃げようとしたが人混みでつまずいてしまい、男に頭を切られた。意識を失うことなくタクシーで病院に運ばれたが、手術が必要だという。「こんなやり方はあまりにも残酷だ」とベッドの上でうめいた。

事件翌日の三月二日時点で、死者は少なくとも二十九人、百四十三人が重軽傷を負ったと確認された。当局発表によると、事件は一日午後九時十五分ごろ発生。複数の男女による犯行グループは駅前広場や切符売り場などで、刃物で次々と人々を襲った。当局は容疑者のうち男三人と女一人を射殺し、女一人を拘束した。さらにメンバーがいたとの証言もあり、容疑者が増える可能性があった。

最高指導部全員で黙とう

昆明市政府は「新疆ウイグル自治区の分裂主義勢力による組織的な暴力テロ事件」と断定した。事件の四日後には中国の国会に当たる全国人民代表大会（全人代）の開会を控え、テロなどへの警戒が強まっていた。各地で厳重な警備態勢が敷かれる中で、驚くべき人数の被害者が出たことになる。

国営新華社通信は三日になって、事件で射殺・拘束された五人以外の、さらに三人の容疑者を拘束したと伝えた。犯行グループは男六人と女二人で構成されていたという。八人の出身地などは明らかにしていないが、首謀者としてウイグル族とみられる名前を挙げた。中国外務省の報道官は三日の会見で、現場でウイグル独立派組織「東トルキスタン・イスラム運動」の旗が見つかったと述べた。

全人代開会の二日前に、習指導部が事件に一応の区切りをつけた形となった。三日に北京で開幕した全国政治協商会議（政協）は「暴力テロ活動に厳しく打撃を与えることを支持し、犠牲者に哀悼の意を表する」として、習ら七人の最高指導部が異例の黙とうを捧げた。

私は無差別切りつけ事件の取材をひとまず終え、全人代を取材するため昆明から北京に向かった。六日には北京の人民大会堂で、新疆ウイグル自治区代表団の会合が記者にも公開で開かれた。自治区のトップ、張春賢《チャンチュンシエン》・自治区共産党委員会書記は会合のあと記者団に、反テロに関する立法が必要だと述べた。張は共産党指導部のトップ25である政治局員も兼ねている。昆明駅の無差別切りつけ事件や、自治区で頻発する衝突などを念頭に、政権として「反テロ」の動きを強力に推し進める覚悟を示した発言だった。

張は「中国共産党の民族宗教政策はよいものだ」と発言した。その上で昆明駅の事件に言及して「(事件を起こした)テロリストには人間性のかけらもない。新疆の各民族の共通の敵だ」と述べ、少数民族問題と切り離したい考えをにじませた。

各地で顕在化するウイグル族の不満

中国のニュースサイト「財新網」が三月十一日、昆明駅の無差別切りつけ事件について注目すべき記事を載せた。警察に近い関係者の話として伝えたところによると、容疑者八人のうち、三人は事件発生の二日前に拘束されていたというのだ。

ベトナムと国境を接する雲南省紅河ハニ族イ族自治州には、沙甸《シャーティエン》という場所がある。財新網によると、昆明駅の事件の容疑者八人が爆発物をつくろうとしていた場所が沙甸なのだという。結局爆発物はつくれず、三人が警察に拘束された。残る五人は車で昆明まで逃走、三月一日に事件を引き起こした――。この報道が事実なら、五人の逃走を許し、昆明での惨劇を未然に防げなかった警察の失態という見方が成り立つ。当局が追加で発表した三人の容疑者について、拘束した日時や場所を明らかにしていないこととも符合する内容だ。

沙甸にはかつて約九百人のウイグル族が住んでいたとみられる。だがこのころには大多数がいなくなっていた。人口約二万人のうち九割ほどを回族が占めるこの街で、なぜ少なくない数のウイグル族が住み着いて生活し、何が理由で忽然と姿を消したのか。四月三十日に現地を訪れた。

沙甸では複数の地元住民がこう証言した。

ウイグル族にとって、同じくイスラム教を信仰する回族が多い沙甸は宗教活動に寛容な地であり、住みやすかったのだろうと。昆明駅の事件後、ウイグル族の住民たちは当局によって別の地へ移住させられたという。沙甸の地元当局は三月四日、「3・01のテロ事件後、沙甸の住民はパニックに陥っている。住民の安全のため、新疆人を全面的に移住させる計画を進める」という文書をネット上に掲載していた。

沙甸には街のシンボルといえる大きなモスクがある。住民によると事件後の数日間、ウイグル族がモスク前の広場に集められ、バスに乗せられた。行き先は故郷の新疆ウイグル自治区だとみられる。

当局が移住させるウイグル族に千元（約一万六千三百円）の補償金を渡したと話す人もいた。移住させられた時期については、「事件から一週間後」「三月中旬ごろ」とばらつきがあった。

服飾店店主の三十六歳の女性は「彼らには何の罪もないのに……」と移住させられたウイグル族を思いやった。ウイグル族が去る時、気の毒に思った住民たちは衣服を贈ったという。一方、別の住民からは「私たちの安全のため。政府の措置に賛成だ」「当局がウイグル族を移住させるのには理由がある」と、強制的な移住に理解を示す声も聞かれた。

モスクから徒歩十分ほどの場所に、二階建ての建物があった。そばでパソコン関連の店を営む回族の三十二歳の男性によると、ウイグル族の男女が一階に住んでいたという。女性は十六歳か十七歳ぐらいに見えた。二人は買い物をする際にも言葉を発さず、指で買いたい物を指し示しており、中国語が話せないようだった。ウイグル族には、ウイグル語で生活し中国語が不得手な人もいる。出入り以外は住居のシャッターが固く閉じられ、部屋の中の様子はうかがえなかったという。

昆明駅の事件があった翌日の三月二日、時間は午前四時か五時ごろだった。多数の警察官が家の出入り口を固め、当局者が部屋の中を調べていたというのだ。この建物に住んでいた二人は、昆明駅の事件の容疑者だった可能性が高いと考えられた。

私が沙甸で容疑者の拠点に迫っていたその日、昆明駅の事件と呼応するかのように新疆ウイグル自治区のウルムチ南駅で爆発事件があり、容疑者二人を含む三人が死亡、七十九人が負傷した。自治区の政府当局者は取材に対し、この事件の容疑者二人はウイグル族だと明らかにした。しかも、自治区ではこの日まで習が視察をしていた。最高指導者の訪問先で爆発事件が起きるという極めて異例の事態となった。ウイグル族の反発がかつてないレベルまで高まり、中国各地で顕在化しているのだろうか。

海外を目指す中継点か

中国メディアによると、雲南省のトップ、秦光栄《チンコワンロン》・省共産党委員会書記は昆明駅の無差別切りつけ事件のいきさつをこう語った。「容疑者らは、雲南省から第三国に逃れるのに失敗した。広東省からも出国できず、ベトナムに接する雲南省紅河ハニ族イ族自治州に行き、出国できなければ昆明などで『聖戦を決行する』と計画していた」と。

このころ、新疆ウイグル自治区を逃れて中国南部の国境地帯にわたり、東南アジアに密出国するウイグル族の実態が徐々に明らかになっていた。タイやベトナムで、不法に入国したウイグル族が摘発される事件が相次いでいた。秦の発言はこうした状況ともつじつまが合うものだった。

宗教活動に対する制約や経済格差などをめぐって中国社会に絶望したウイグル族が、国外に逃れているとの見方が出ていた。中国メディアなどによると、さらに習指導部になってから少人数の集会が禁止され、宗教的な印刷物の発行がいっそう厳しく制限されるなど、ウイグル族の宗教文化や尊厳に関わる部分でも締め付けが強まっていた。昆明駅の事件の容疑者たちが潜伏していたとみられる沙甸は、当局がウイグル族の東南アジア出国の中継点とみて警戒していた街だった。

上海では二〇一四年五月二十～二十一日、アジアの国々が加盟する「アジア信頼醸成措置会議（CICA）」の首脳会議が開かれた。習はアジア重視を掲げる米国のオバマ政権を念頭に「アジアの安全は結局、アジアの人々が守らなければならない」と演説し、取材していた私たち外国メディアの注目を集めた。中国がアジアの安全保障を主導する意欲を示したもので、米国抜きの秩序づくりを目指す姿勢を強く打ち出したのだ。テロ対策での国際的な取り組みも参加各国の首脳に呼びかけた。

ＣＩＣＡ首脳会議が終了した翌日、政権の意気込みに冷や水を浴びせるかのように新疆ウイグル自治区のウルムチでまた事件が起きた。狙われたのは市民が集う朝市だった。

【取材余話】ウルムチに出回る北九州市のゴミ袋

二〇一四年、ウルムチに住む知人から意外なことを言われた。「北九州市のゴミ袋が人気なんですよ」。破れにくくて、丈夫なのだという。そういえば前年に、ウルムチの路上で北九州市と書かれたポリ袋に入ったゴミを見つけて思わず写真を撮ったことがあった。人気の真偽を確かめたくて、市場に行ってみた。袋を売る小さな店を数軒回ってみると、確かにあるある。日本の別の自治体名が書かれた袋もあったが、北九州市の存在感はかなりのものだった。

ウルムチで出回っているようですが？　北九州市の環境局に電話で問い合わせてみた。職員は初耳だという。袋の写真を撮ってメールで送り、確認してもらった。二〇〇六年まで使われていたものと同じデザインだということがわかった。

市場からの帰りに乗ったバスでも、乗客が北九州市と書かれた袋に物をいっぱい詰め込んで膝の上に抱えていた。上海に戻るウルムチ発の飛行機では、カバンを載せようとして開いた荷物棚で目撃。知人からは後日、肉屋で買い物をした時の最新の「証拠写真」が送られてきた。

北九州市から回り回って来たものなのか、はたまた「偽ブランド」なのか。定かではないが、ウルムチの市民生活に溶け込んでいるのは間違いなさそうだった。

第2章

憎しみと不信の連鎖

——新疆ウイグル自治区の深層

新疆ウイグル自治区のヤルカンド県内には、女性にベールで顔を覆わないよう、若い男性にひげをたくわえないよう呼びかける看板が掲げられていた（金順姫撮影、朝日新聞社、2014年８月）

ウルムチ朝市爆発事件

新疆ウイグル自治区のウルムチでまた事件が起きた。二〇一四年五月二十二日朝七時五十分ごろ、二台の大型四輪駆動車が鉄柵を破って朝市に突っ込み、路上にいた人を次々とはね飛ばした。市場の外れで停止したあと、爆発物が起爆して炎上した。途中、車から爆発物も投げられた。三十九人が死亡し、負傷者は九十人を超える大惨事となった。前月末のウルムチ南駅に続き、朝市で無差別に住民を襲う凶悪事件。死傷者の多くは高齢者だった。国営新華社通信は、車両にはウイグル語らしき文字が記された白い旗が掲げられていたとの目撃証言を伝えた。

習近平国家主席は「重要指示」を出して事件のすみやかな解決を命じ、郭声琨《クオションクン》公安相を自治区に派遣した。警察や司法機関を統括する共産党中央政法委員会の孟建柱《モンチエンチュー》書記は事件当日、全国の幹部との緊急テレビ会議を開催。「幅広く人民を動員し、反テロの人民戦争を始めなければならない」と檄を飛ばした。

現場はウルムチ市中心部の人民公園の近く。四月末に爆発事件があった鉄道駅から三キロほどしか離れていない。事件の発生を知り、私はいつものようにすぐに飛行機の手配をして上海からウルムチに飛んだ。爆発現場に入ったのは事件当日の夜だった。

現場となった通りはすでに清掃され、百数十人が死傷した凄惨な爆発があったとは一見しただけではわからなかった。風貌ですぐに外国人とわかる白人の記者が、警察に連れられて通りから離れる姿が目に入った。当局にとっては掘り下げてほしくない現場だ。私も目立たないように行動する必要があった。拘束されては記事が書けない。まるで警察犬のように、残る爆発臭を求めて通りのにおいを嗅ぎながら目撃者も探した。

慎重に慎重に、目立たないように。そうするうちに、一部が爆風で吹き飛ばされたように見える木と、焦げたにおいが残る一角があった。近くには治安当局の車が止まり、銃を構えた警察官らが周囲に鋭い目を向けていた。

地元の人の話によると、事件後に何台もの放水車が投入され、現場の通りには大量の水がまかれた。その上でバキュームカーのような車両が水と爆発後のがれきやゴミを吸い取り、爆発の痕跡を消したのだという。道理できれいになっているはずだ。

爆発音を聞き、驚いて外に出たという目撃者を探しあてた。近くに住む五十三歳の漢族の女性は、けが人の中に頭髪が焼けただれた知人の女性を見つけ、救急車に運ぶのを手伝ったと言った。女性は「あまりにも残酷な事件」と肩を落とした。

ウルムチ朝市爆発事件から一夜明け、現場付近で周囲を警戒する武装警察官たち（金順姫撮影、朝日新聞社、2014年5月）

けが人が運ばれた病院も訪ねた。ロビーで多くの警察官が警戒にあたり、廊下や病室にも警察官がいた。

目撃者の話を総合すると、現場の朝市は漢族が多い住宅地に位置したが、客には漢族とウイグル族ら地元の少数民族が混在していた。店が約二百メートルにわたって並ぶ朝市に二台の車が突入。買い物客らをなぎ倒しながら爆発物を車外に投げつけ、車自体も炎上した。車上にはガソリンが入っていたらしきタンクを積んでいたとの目撃情報もあった。

少数民族問題がからむとみられる事件は習体制になって以降、増加傾向にあった。犯行形態は警察署など地元政府の建物を標的にしたものから、無差別に住民を狙うものに変化し、使われる凶器も刃物などから爆弾へと凶悪化していた。

暴力の標的は一般市民に

朝市爆発事件から一夜明けた翌二十三日朝、事件現場となった通りには銃や警棒を持った多数の警察官が投入されて周囲の警戒にあたった。当局者は取材に集まった報道陣に通りから離れるよう迫った。普段は買い物客でにぎわう朝市は開かれなかった。

事件を目撃した五十歳の回族女性は「車がすごいスピードで走ってきて、人をひくのを見た。通りには数え切れないぐらいの人が倒れていた。怖くて夜も全然眠れなかった」と話した。週に三回ほど買い物に訪れていた近くに住む三十六歳の男性は、「新鮮な野菜や肉がそろっていて便利だった。朝市がなくなるととても困る」と言った。

「罪のない人たちを犠牲にした犯人が憎い。何かを訴えたいのなら、ほかの手段があるじゃないか」。二十九歳のウイグル族の男性会社員は憤った。事件の容疑者像は不明だったが、無差別に市民を襲う残虐な手口には民族を問わず反発の声が出ていた。

ウルムチでは子どもの安全を守るためとして、学校から百メートル以内の駐車が禁止された。病院や駅などでも、車を長時間駐車することが禁じられた。

在北京の米国大使館は二十三日、中国を旅行する米国人への注意喚起をし、大使館員が私的に新疆ウイグル自治区に行くのを延期させていると発表した。北京市公安当局は二十三日から警備態勢を最高レベルに格上げした。急きょ全警察官の休暇を取り消し、ヘリコプターによるパトロールや繁華街での尋問の強化などを始めた。

事件は相次ぐ暴力の標的が一般市民に広がっている現実を映し出す一方で、当局は効果的な対策を見いだせず、民衆に広がる不安を前に政権の焦りは強かった。

当局は同日、容疑者は五人でそのうち四人は現場の爆発で死亡し、残る一人は事件当日の二十二日夜に拘束されていたと発表。自治区政府当局者は二十四日、取材に対し「容疑者五人はウイグル族だ」と答えた。

新華社通信は、容疑者として少数民族とみられる五人の名前を挙げ、いずれも自治区南部ホータン地区の出身だとした。死亡した四人の身元はDNA鑑定で確認したという。当局は五人について「長年、過激な宗教思想の影響を受け、違法な宗教活動に参加し、暴力テロの映像や音声を視聴。二〇一三年末にテログループをつくった」と認定した。車両を購入して爆発物を製造し、襲撃目標を定めたと説明した。

大衆を動員した「密告社会」づくり

新疆ウイグル自治区の共産党委員会は、ウルムチ朝市爆発事件翌日の五月二十三日から翌年二〇一五年六月まで、「新疆を主戦場とする暴力テロ活動取り締まり特別行動」を実施することを決めた。中国公安省も五月二十五日、事件を受けて一年間、「暴力テロ活動取り締まり特別行動」を全国で展開すると明らかにした。自治区だけでなく、習指導部として国を挙げて「対テロ闘争」を推し進める姿勢を鮮明にした。公安省の幹部は二十五日の会議で、「あらゆる方法を用いてテロを防ぎ、極端な宗教活動が広まるのを阻止せよ」と命じた。新疆を主戦場としつつ、その他の省や市の協力も得ていくのだという。

共産党指導部は五月末、自治区の中期的な方針を決める重要会議「新疆工作座談会」を四年ぶりに開いた。自治区の「飛躍的な経済発展」を掲げた前回と比べ、政権の危機感の高まりを色濃く反映した会議となった。習は一般の市民を動員した「鉄壁」の予防策を講じると宣言した。

当局は、大衆を動員した「密告社会」づくりを推し進め、積極的な通報を呼びかけ始めた。自治区で「テロ取り締まり特別行動」を始めてから一カ月の間に市民から寄せられた手がかりは四百件以上だとし、その効果もあって三十二のグループを摘発し、三百八十人超の容疑者を拘束したと発表した。「事件の九十六パーセント以上が計画段階で見つかり、摘発されている」と言うが、締め付けの強化が冤罪《えんざい》を生みはしないかとの心配が頭をよぎった。六月には全国の公安機関に、情報提供者への報奨金制度を設けるよう指示が下った。最高で五十万元（約八百三十万円）とするものや、上限を設けないものさえも次々と報告されていた。

高額な報奨金で密告を奨励するやり方は、ウイグル族の当局への反感をさらに高める危険性をはらむ。いつどんな形で容疑者として突き出されるかわからず、社会に疑心暗鬼が生じていた。ウルムチに住む自営業のウイグル族男性（二十五歳）は「漢族の潜在意識には『ウイグル族はテロリスト』という印象がある。何も悪いことをしていなくても、いつ通報されるか不安だ」と胸の内を明かした。

六月下旬、私は自治区南西部のホータン地区グマ県を訪れた。共産党機関紙・人民日報系の国際情報紙「環球時報」が、自治区に詳しい人物の話として「グマ県のいくつかの農村はテロリストの本拠地と呼ばれている」と伝えた場所だ。ウルムチ朝市爆発事件で、容疑者五人の出身地だと当局が発表した地でもある。

グマ県中心部に近い農村部の住民によると、朝市爆発事件の翌日から当局者がずかずかと民家に踏み込み、一軒一軒をしらみつぶしに調べているという。不審者が隠れていないか、違法な宗教活動に関する出版物がないか。すべての部屋をくまなく探し回っているというのだ。

農業を営むウイグル族の五十歳の男性は「夜中に突然ドアを叩かれることもある。漢族の幹部がウイグル族の当局者数人を引き連れてやって来る」と語った。別のウイグル族の五十歳の男性は、地元の派出所の警察官が前科のある人物の名簿を持って家々を調べたこともあったと証言した。

複数の住民によると、こうした民家への査察は週に三回程度の頻度で続いていた。グマ県が「テロリストの本拠地」と言われていることについて、三十代のウイグル族の男性は「そんな呼び方には絶対反対だ。事件を起こす人間には心から憤りを感じる」と言う。暴力事件とは無関係の大多数のウイグル族にとって、テロと民族を関連づけられるのは我慢ならないだろう。

新華社通信も「容疑者がグマ県出身者だったとの報道に地元住民は憤慨し、事件にかかわりのある十一人を告発した」と配信した。住民が当局に協力的だとアピールすることに腐心しているようだった。

アメとムチ

「テロ事件で集中判決」。ウルムチ朝市爆発事件が起きた翌月の二〇一四年六月五日、ウルムチやカシュガルなど自治区各地の裁判所が計二十三件の事件、八十一人の被告人に対して公開で判決を出したと新華社通信が伝えた。テロ組織を指導した罪や故意殺人罪などに問われ、九人が死刑、その他も全員が有罪となったという。

自治区北西部のイリ・カザフ自治州では五月二十七日、住民ら約七千人がスタジアムに集まり、「テロ組織に関わった」などとみなされた五十五人の被告人に判決を下す「見せしめ裁判」が開かれた。少なくとも三人が死刑を言い渡された。

「『東トルキスタン・イスラム運動』などの分裂勢力が公開したテロに関する映像が、国内に絶え間なく流入している」。新華社通信によると、国家インターネット情報弁公室《べんこうしつ》幹部が五月、全国の担当者会議で危機感を示した。最近起きた事件の容疑者らがテロを呼びかける映像を見ていたとも指摘した。これらを取り締まる全国的な「一掃運動」を展開する計画だという。北京の公安当局も五月、テロを起こそうとしている不審者を発見した時は、問いかけや威嚇射撃などの段階を踏まず、いきなり発砲してもよいと決定した。

厳しい取り締まりの一方で当局が打ち出すのが、自治区の経済開発だ。六月三日、甘粛省蘭州とウルムチを結ぶ高速鉄道「蘭新鉄道」（全長千七百七十六キロ）の一部区間で、試運転が公開された。中国政府は外国メディアにも取材を認め、経済発展に力を注ぐ姿勢をアピールした。私も実際に試運転の列車に乗ってみた。砂漠の中の荒野のような場所に建てられた立派な駅舎もあり、政府肝いりのプロジェクトであることを物語る。

ウイグル族の不公平感を和らげる施策も強調した。共産党指導部の政治局は、五月に開いた会議で「団結こそが各民族人民の生命線だ」と融和策を提言した。少数民族の就職難や教育格差を解消するため、貧困層が多い自治区南部で高校無料化を実施するほか、資源開発などに地元の政府や企業が加わる割合を高めるといった方策を示した。六月三日、共産党中央は早速、北京で自治区南部への投資促進会を開催した。地元紙によると、企業が百社以上参加し、九十億元（約一千五百億円）の投資契約が結ばれた。政府は硬軟織り交ぜ、事態打開を図る姿勢だった。ただ、必死の「アメとムチ」を繰り出してもウイグル族の反発が収まる見通しはなく、手詰まり感が漂っていた。

ウイグル族の生きづらさ

二〇一四年七月五日、新疆ウイグル自治区はウルムチ騒乱から五年を迎えた。前年の同じ日にもウルムチを歩いたが、それから一年の間に起きた暴力事件は凄惨なものだった。天安門前の車突入事件、昆明駅無差別切りつけ事件、ウルムチ朝市爆発事件……。中国の少数民族問題を考える上で歴史に残るであろう重大事件がこの一年で相次いだことになる。事件は無差別化、凶悪・過激化へと進んでいった。同時に、中国当局は徹底した取り締まりと情報統制で事件の再発を抑え込もうとしてきた。

六月下旬から自治区の各地を回った私は、あらためてウイグル族の生きづらさの一端に触れることになった。

「ラマダン（断食月）の期間中も必ず店を開けろ。そうしなければ五カ月から一年の営業停止にする」

自治区南部ホータンの中心部にある食堂には、ラマダンが始まる直前の六月二十七日、漢族とウイグル族の二人の警察官が訪れたという。ラマダンの間も「民族間の団結を守るため、正常に営業する」よう求める通知文を読み上げた。イスラムの教えに従って日の出から日没まで食事を絶つラマダンを妨害する意図があるのは明らかだ。

「政府に命じられなければ営業するわけがない」。経営者の家族のウイグル族女性（十九歳）は嘆いた。

二年前のラマダンの時のことだ。抜き打ち調査にきた当局者が料理を注文した時、準備中ですぐには応えられなかった。店は開けるつもりだったのに、料理を提供しなかったとみなされて問答無用で営業停止にされた。開店を許されたのは八日後だった。

女性はラマダン中の開店の強要について「不愉快で、納得できない」と語るが、店を長く閉じられると生活が成り立たず、従うほかない。

宗教文化への干渉

クチャ県では五月二十日、バザールでにぎわう街中で、スカーフの着用方法をめぐって衝突が起きていた。

複数の地元住民によると、スカーフで顔を覆っていた四人ほどの女性が当局者に拘束され、周りの群衆を巻き込む抗議行動に発展した。警察が空に向けて威嚇の発砲をするなど緊迫した状況のなか、十人以上のけが人が出たとみられ、抗議行動の参加者も相次いで拘束された。

衝突時にバザールにいただけで、修理業を営む長男（二十歳）が三日後に拘束されたままだという五十二歳の男性に会った。抗議行動に参加していないのに、「市民の生活を乱した」との理由で自宅から連行されたという。

息子の拘束は不当だと訴える父親は「スカーフの問題だって、なぜ女性を拘束までする必要があるんだ？」と憤った。

ウイグル族の文化に対する介入は強まるばかりだった。自治区の公式ニュースサイト「天山網」は五月、自治区政府が少数民族の伝統的な衣服についてモデルをつくる「標準化」を進めていると伝えた。「テロ組織などに惑わされ、一部の民衆が極端に宗教色の強い服を着ている」と非難しており、服装にも干渉していく姿勢だった。

ウルムチ騒乱のあった七月五日、ウルムチ市内各地に装甲車が投入され、銃を持った警察官らが厳重な警戒態勢を敷いていた。四月末に爆発事件が起きたウルムチ南駅では、武装警察官が利用者の動きに目を光らせていた。私に写真を撮られていることに気づいた警察官は「今日は七月五日だ。何の日だと思ってるんだ？　すぐに削除しろ」と詰め寄ってきた。

五年前のウルムチ騒乱当時、多くのデモ参加者が集まった人民広場は「補修」を理由に封鎖されていた。当局が混乱を警戒し、立ち入りを禁じたのだろう。

宗教文化や尊厳にかかわるウイグル族への締め付けと、それを強行する当局に対する反発は、イスラムの過激な思想やウイグル独立の主張が浸透する土壌になりかねないと指摘される。当局の強硬な取り締まりはウイグル族の目に少数民族への弾圧と映り、憎しみと不信の連鎖は断ち切れていない。自治区を覆う重苦しさは増すばかりだった。

ウイグル族同士の亀裂

二〇一四年七月二十八日朝、新疆ウイグル自治区カシュガル地区のヤルカンド県で、刃物やおのを持った武装グループが地元の政府庁舎や派出所を襲撃する事件が起きた。

新華社通信は七月二十九日の夜になってから事件の発生を伝えた。容疑者たちはさらに通行車両を壊したり焼き払ったりしたほか、市民を無差別に切りつけ、ウイグル族と漢族数十人が死傷。警察当局は容疑者数十人を射殺したという。新華社通信は「組織的で計画的な暴力テロ事件」と報じながらも、事件の詳細や容疑者の身元は明らかにしなかった。

二十九日の夜遅くまで事件の記事を書き、三十日朝一番の飛行機で自治区に向かった。ウルムチで乗り継ぎ、さらに西のカシュガル空港へ。その後は車での移動だ。ヤルカンド県に入ることはできたが、土ぼこりが舞う未舗装の道で、銃を持った警察官に車を止められた。大きな鋭い突起がついたバリケードが道をふさいでいる。リーダー格の警察官からパスポートの提示を求められ、そのまま持って行かれた。上司と連絡をとって指示をあおいでいる様子だ。別の警察官は私のスマートフォンを取り上げ、保存してある写真をしつこくチェックした。

まもなく、警察官から「ここから去れ」と命令された。理由をただしたが、「交通が遮断されているからだ」と繰り返すばかりだった。何が起きたのかを尋ねても、知らない、の一点張りだ。一方で、「大変なことに巻き込まれてはいけないからここを離れろ」と忠告してきた。ヤルカンド県を離れるまで、警察車両が私の乗っていた車を先導した。

ヤルカンド県では前年十二月にも、なたを持った九人の武装グループが警察署を襲撃する事件が起きていた。今回の事件と関連があるのだろうか。現地では警察の検問や情報統制がよりいっそう厳しくなっていることが容易に想像できた。

七月二十八日の事件発生から二日後の三十日、ヤルカンド県が属するカシュガル地区では別の事件も起きていた。

カシュガル市にある中国最大級のモスク、エイティガール寺院の指導者ジュメ・タヒールが三十日朝、何者かに殺害された。七十三歳だった。新華社通信によると、警察当局は容疑者の二人を射殺、一人を拘束したという。容疑者らは報じられた名前からウイグル族とみられた。新華社通信は事件の詳細を明らかにしなかったが、三人が「過激な宗教思想の影響を受けていた」と伝えた。

ジュメはウイグル族で、中国イスラム教協会の副会長。少数民族政策をめぐって「中国当局寄り」と見られていた人物だった。

前日にヤルカンド県で取材を阻まれた私は三十一日、カシュガル市のエイティガール寺院周辺で聞き込みをした。地元住民の七十八歳の男性は「ジュメ氏はイスラム教の教えよりも、政府の考えを伝えることに熱心だった。そのことに反発しているウイグル族は少なくなかった」と証言した。

高い地位にあるイスラム教指導者の殺害事件。信仰を同じくするウイグル族同士でも、当局との距離をめぐって亀裂が大きくなり、信じ合えなくなっているのだろうか。

食い違う事件の規模

ヤルカンド県で七月二十八日に起きた襲撃事件から六日後の八月三日、新疆ウイグル自治区の政府系ニュースサイト「天山網」は、事件の容疑者グループは住民ら三十七人を殺害したと報じた。警察当局は容疑者五十九人を射殺、二百十五人を拘束したという。殺された住民らのうち三十五人は漢族、二人がウイグル族だと伝えた。当初の発表は「数十人が死傷し、容疑者数十人が射殺された」だった。人数をあいまいにする方針だったのが、何らかの理由で変わったのか。その点は不明だ。

天山網は容疑者の民族を明らかにしなかったが、自治区政府当局者は取材に対して「射殺された五十九人は全員ウイグル族だ」と答えた。

天山網によると、当局は事件を「組織的で計画的な重大暴力テロ」と断定。首謀者が前年からウイグル独立派組織「東トルキスタン・イスラム運動」と連携し、テロ関連の映像を見るなどして「暴力テロ集団」をつくったと伝えた。捜査の過程で「聖戦」を訴える旗や刃物を押収したという。

容疑者らは二十八日朝、覆面姿で刃物やおのを持って地元政府庁舎や派出所を襲い、さらに別の場所に散って住民を殺害したという。ほかに十三人が負傷し、三十一台の車が破壊され、うち六台が焼き払われた。殺害された人の中に地元政府の幹部二人が含まれており、名前からウイグル族とみられた。これが政府系メディアの報じたヤルカンドの襲撃事件の骨格だった。

ところが、事件の犠牲者は住民ら三十七人、容疑者五十九人を射殺という当局発表に対し、亡命ウイグル人組織「世界ウイグル会議」は、この事件で少なくとも二千人のウイグル族が当局によって殺害されたと主張した。

カシュガル地区は人口の約九割をウイグル族が占め、移住してきた漢族との民族対立が深刻な地域の一つだ。米政府系のラジオ・フリー・アジアによると、世界ウイグル会議の報道担当者は、事件が「中国政府の統治の失敗を証明している」と語り、ウイグル族への極端な弾圧が抗争を引き起こしているとの見方を示した。

「絶対に行かないほうがいい」

ヤルカンド県で何があったのか。事件の規模や原因ははっきりしなかったが、当局発表だけを見てもただならぬ事態が起きたのは間違いなかった。事件の翌月の八月十八、十九両日にヤルカンド県に入った。当局は事件後、ウイグル族への取り締まりをいっそう強め、インターネットを遮断して報道を制限していた。

現場から三十五キロほど離れたヤルカンド県内で、ウイグル族の老人は「絶対に行かないほうがいい」と言った。複数のタクシー運転手は現場に向かうのを拒んだ。「あそこはあまりにも敏感な場所だ。住民と言葉を交わしただけで捕まるぞ」と忠告してくれる運転手もいた。

事件直後に行こうとして阻まれた地元政府庁舎にはたどり着いたが、現場に近づくにつれ、当局が住民に厳しい箝口令《かんこうれい》を敷いている様子がうかがえた。「事件翌日に住民が集められ、事件の話をしてはいけないと当局者に念押しされた」「事件についてむやみに話すなと、当局から言われた」。こうした住民の声が相次いだ。

ウイグル族の男性は「『テロリストを見つけたらすぐに通報するように。報奨金も出る。

ヤルカンド県内で、テロに関する映像や音声をインターネット上で視聴、転送することは犯罪だとする看板（金順姫撮影、朝日新聞社、2014年8月）

夜は危ないから外に出ないように』と当局に言われている。留置場は人でいっぱいだ」と話してくれた。現場近くに住むウイグル族の三十歳の女性は「いまも毎日、住民が当局に連れ去られている。当局は逃げた人間がいないか、民家を一軒一軒しらみつぶしに調べている」と語った。住民らは事件後も続く不穏な状況を証言した。事件への関与を問われて拘束される人が後を絶たないという。

二十代のウイグル族の女性は事件当日、家の外に物を取りに行った際に乗用車が爆発するのに出くわし、家に戻った後に発砲音も聞いたと語った。六十代の父親が八月四日に連行された。現場近くの監視カメラに写っていたのが原因らしかった。約二週間後に戻った父親は、何があったかを一言も話さないと顔を曇らせた。

ウイグル族の二十二歳の男性は、モスクでウイグル族の若者たちが当局に不当に拘束されたことへの不満が事件の原因だと伝え聞いたという。

事件現場に居合わせたウイグル族の四十七歳の男性を見つけ出すことができた。男性はトラック運転手だった。事件当日の午前四時ごろ、覆面姿の男たちに車を止められた。「おまえはウイグル族か？　ウイグル族ならついて来い」子どもから五十代ぐらいまでの百人近いウイグル族が興奮した様子で、そのうちの一部は「イスラム教徒は一緒に行こう」「漢族は出て行け」と叫んでいた。

男性はすきで腕を切りつけられ、顔を殴られた。周囲には数百メートルにわたって破壊された車両が横たわっていた。男たちに理由を尋ねると「おまえには関係ない。国に捕まえられたのは俺たちの息子で、おまえの息子じゃない」との答えが返ってきた。

男性は一キロほど男たちに連れ回された。武装警察の装甲車を打ち壊そうとする様子を見て怖くなった男性はなんとか逃げ出し、一台のトラックを見つけてその上部に這い上がり、身を隠して息を潜めた。その後、警察官たちが犬を連れて来た。犬がにおいで隠れている人間を嗅ぎつけているようだった。とっさに男性は両手を挙げて警察官たちの前に飛び出し、暴力行為に及んだ男たちとは無関係の被害者であることを訴えた。必死の説明で疑いが晴れ、拘束を解かれたという。

家族を当局に拘束されたことに怒りを募らせた人たちが、今回の事件を起こしたことを示唆する証言を得ることができた。だが、一体どれほどの数のウイグル族がこの事件に関与したのか、そして死傷者の数は果たして何人にのぼったのか。拘束された人たちはどうなったのか……。あらゆる場所で当局の監視の目が光る現地では、結局それ以上のことを知ることはできなかった。

投獄されたウイグル族の経済学者

二〇一四年九月二十三日、新疆ウイグル自治区のウルムチ市中級人民法院（地裁に相当）がウイグル族の経済学者の男性に対し、無期懲役と政治的権利の終身剥奪、全財産を没収する判決を言い渡した。男性の名はイリハム・トフティ。その年の一月、当局に連行された。中国でウイグル族が置かれた政治状況などを発信し、国家分裂罪に問われていた。

弁護人によると、無罪を主張してきたイリハムは法廷で「判決に不服だ。抗議する」と訴えたが、退廷させられた。

ウイグル族の自治を確立し、漢族との融和を目指すというのがイリハムの立場だった。ウイグル族の権利の擁護を訴える一方で、ウイグル独立の主張には決して賛同しなかった。公判でも「私は一貫して国家の分裂に反対し、いかなる分裂活動にも参加していない」と語っていた。そうした穏健派のイリハムに対して、習指導部は厳罰で向き合ったのだ。

中国では裁判所も共産党の指導下にある。新華社通信によるとウルムチ市中級人民法院は、イリハムが「ウェブサイトや大学の授業で民族分裂の思想を広め、犯罪集団を形成。国家分裂を目的とした犯罪活動を実施した」と認定した。判決には国際社会からも批判が出た。

二カ月後の十一月二十一日に自治区の高級人民法院（高裁に相当）で開かれた二審の判決公判でも、無期懲役の判決は覆らなかった。イリハムの上訴は退けられ、中国の二審制のもと判決は確定した。イリハムは「判決は不公正で、事実が解明されていない。法を踏みにじっている」と抗議の声を上げたという。

ウイグル族をめぐる問題を取材しながら、イリハムと一度じっくり話をしてみたいと思っていた。しかしその思いはかなわず、イリハムの身はいまも獄中にある。なぜ早く会いに行かなかったのか、悔やみきれない思いだ。「法治」とは言いながら、いまの中国に司法の独立はない。忸怩たる気持ちで判決の記事を書いた。イリハムのほかにも会いたいと思いながら果たせなかった人や、もっと話を聞きたいと願っていた人権活動家らがいまも獄につながれている。中国取材ではそうしたことが珍しくない。

不法出国に国内外のあっせん組織

二〇一五年一月十四日、中国の国際情報紙「環球時報」は、偽造したトルコの旅券で不法に出国しようとした新疆ウイグル自治区のウイグル族九人が前年十一月、上海市の公安当局に検挙されたと報じた。旅券の提供などに関与した疑いでトルコ人十人が逮捕され、手助けした別の中国籍二人も検挙されたという。

環球時報によると、ウイグル族九人は上海の浦東空港からの出国を企てた。容疑者の一部は、シリアやアフガニスタン、パキスタンなどに行くつもりだったと供述した。ウイグル族の容疑者から当局が押収した通信機器からは、テロに関する映像などが見つかったという。容疑者の一人は自治区で民族対立をあおる映像を広めていたとしている。こうした記事について、中国外務省の報道官は十四日の会見で「報道は関係部門が提供した事件の状況を明確に示している」と述べた。記事の内容に当局がお墨付きを与えた形だった。

新疆ウイグル自治区のウイグル族の間では、イスラム教の宗教活動に対する制約などに反発し、国境地帯に位置する雲南省や広西チワン族自治区を経由して東南アジアなどに逃れる動きが近年見られてきた。ウイグル族は歴史的にも民族的にもトルコとの関係が深い。ウイグル族が東南アジアへ出国し、トルコに向かう経路は以前から指摘されていた。こうした東南アジアに抜ける陸路のルートに加え、偽造旅券を使った空路での出国を試みた事例が明らかになったのだ。

これに対し、公安当局は二〇一四年五月から集中的な不法出国の取り締まりを実施。ウイグル族ら八百五十二人の容疑者を摘発し、計画や輸送などに関わった疑いで三百五十二人を拘束した。当局は、不法出国には国内外のあっせん組織が介在しているとみており、それまで三十余りの組織を摘発したとしている。広西チワン族自治区の組織は不法出国者を車でベトナム国境に送っていた。こうしたやり方で二〇一四年一〜四月、三百人以上を不法に出国させたという。

治安当局は、不法出国の背後にはウイグル独立派組織「東トルキスタン・イスラム運動」の指示があり、出国して「聖戦」に参加するよう扇動していたとしている。不法出国者が「イスラム国（ＩＳ）」などの国際的な過激派組織に合流する可能性があるとみており、中国国内の反政府勢力と連携することを強く警戒していた。中国紙は二〇一五年一月、孟《モン》宏偉《ホンウェイ》公安次官がマレーシアを訪問した際、中国側が「三百人以上の中国人がマレーシアを経由して『イスラム国』に参加している」と述べたと報道し、関心を集めた。

一方、二〇一四年七月にはＩＳの幹部が、イスラム教徒の権利を抑圧している国として中国を名指しする声明を出していた。

ＩＳの戦闘にも参加か

新疆ウイグル自治区トップの張春賢・自治区共産党委員会書記は二〇一五年三月十日、注目すべき発言をした。全国人民代表大会の自治区代表団の会合後の記者会見で、ＩＳの戦闘に参加した後、中国に戻ったグループを最近摘発したと明らかにしたのだ。「（ウイグル独立派など）新疆の過激分子の一部がＩＳに参加している」と懸念を示した。

張は、中国の国境から不法出国してＩＳに合流する動きが見られると説明した。「検挙のため、市民の死傷を減らすため、情報を伏せることが必要な時もある」と話し、詳細を明かさないことに理解を求めた。

二〇一五年八月十七日、タイの首都バンコク中心部で爆破テロ事件が起きた。バンコク中心部にあるヒンドゥー教の「エラワン廟」で、中国人観光客ら二十人が死亡、日本人男性一人を含む百三十人が負傷した。

容疑者に新疆ウイグル自治区出身者が含まれていたことから、事件にウイグル族が関与していた可能性が高まった。中国政府の少数民族政策に反発するウイグル族が起こした事件なのか、中国政府とは関係のない話なのか。組織的な背景や国際的な広がりを持つのかに関心が集まった。捜査からは中国のウイグル族とトルコを結ぶルートが浮上。ウイグル族の密入国者に偽造旅券を持たせ、同胞意識を持つトルコに送り込むあっせん組織の存在が明らかになっていた。ウイグル族が東南アジアに逃れ出て、トルコにわたる際の中継地点の一つがタイだった。

バンコクの爆破テロ事件では発生当初から、タイ政府が七月にウイグル族百九人を中国に強制送還したことへの報復だとする見方が取りざたされた。クーデターなどの影響によりタイ経済が低迷するなか、中国との関係を強めるタイ当局が中国政府の意向に応じて送還したことが発端ではないかというのだ。ただそれまで、ウイグル族が国外で大規模な暴力事件を起こすことはなかった。外国で無差別テロを仕掛ければ、中国で暮らすウイグル族への国際社会の同情が薄れる可能性もある。

タイのプラウィット副首相兼国防相は二〇一五年九月初旬に訪中し、中国で警察や司法機関を統括する孟建柱・共産党中央政法委員会書記と会談した。今後の慎重な対応を申し合わせた模様だった。中国は水面下で捜査に協力しているとみられたが、容疑者がウイグル族であることに表だった反応は示さなかった。

自治区成立から六十年、さらなる統制強化

新疆ウイグル自治区は二〇一五年十月一日、成立から六十年を迎えた。私は上海に赴任後、二〇一三年、二〇一四年とたびたび自治区に赴いた。多数の死傷者を伴う暴力事件が起こるたび現場に向かった。事件の端緒を自治区政府系ニュースサイト「天山網」などでつかむことも少なくなかった。

二〇一五年になってから、大きな変化を感じていた。暴力事件について得られる情報が大幅に減ったのだ。中国当局は事件が起きたこと自体を外部に知らせたくないのだと感じ

る局面が増えた。もともと多くないメディア報道の量をしぼるだけでなく、市民らがネット上に情報を流出させないよう、情報統制を従来以上に厳しくしている様子もうかがえた。

当局には、頻発する暴力事件の容疑者がウイグル族であることに焦点があたるのは避けたい思惑があるように見えた。深刻化する少数民族問題に国際社会の注目が集まるのは、当局にとって望ましくないからだ。事件発生を伝え容疑者検挙を宣伝するほど、そうした事態に陥ってしまうジレンマを抱えていたのだろう。

当局は情報統制にとどまらず、自治区の共産党員や党幹部への引き締めを強めているようだった。

自治区の共産党規律検査委員会は二〇一五年十一月一日、自治区共産党委員会の機関紙「新疆日報」の元編集長の党籍を剝奪すると発表した。新疆政策について、党中央の方針に反対する言論を公表したことなどが問題視された。

また、十一月二十四日付の中国紙によると、自治区の共産党規律検査委員会トップは、一部の幹部が「民族分裂反対、民族団結の維持、祖国統一の重大な問題で態度が揺れ動いているばかりか、暴力テロ活動を支持し、参加している者までいる」と非難した。

国内では情報をしぼり、組織の内部を統制する。しかし、諸外国に向けて、中国当局があえて情報を流すことで、自国の立場をアピールすることもある。

新疆日報は十一月二十日、新疆ウイグル自治区アクス地区のバイ県で九月十八日に炭鉱襲撃事件が起きたと伝えた。約五十人が死亡したなどとして先行する海外の報道に当局は二カ月のあいだ沈黙を続けていたが、「十一月十二日までに容疑者二十八人を射殺した」と後追いで報じ、襲撃事件が起きていたことを認めたのだ。犠牲者は警察関係者を含む十六人で、容疑者らは国外の過激派組織から指示を受けていたとした。

外国メディアが報じていても当局が発表しない事件はほかにもあるのに、なぜこの炭鉱襲撃事件を明らかにしたのか。同じころ、二〇一五年十一月十三日にパリで起きた同時多発テロ事件を受けて国際的に「反テロ」の機運が高まっていた。中国国内の暴力事件への国際的な非難を高め、それを押さえ込もうとする中国当局への支持を広く求める狙いがあったのではないかという見方があった。

中国の王毅《ワンイー》外相は十一月十五日、トルコで主要二十カ国・地域（G20）外相による昼食会に出席し、パリの同時多発テロを強く非難した。そして、中国もテロの被害者であり、「東トルキスタン・イスラム運動（ETIM）」などの取り締まりも国際社会の反テロの戦いの一部であると述べた。

中国当局はそれまで起きた一連の暴力事件を「テロ」と位置づけ、ETIMなどのウイグル独立派が関与していると強調してきた。ウルムチで十月一日に開かれた自治区成立六十年の記念式典では、共産党最高指導部で自治区の問題を担当する兪正声・全国政治協商会議主席が「テロ活動に容赦なく打撃を与えることを、当面の闘争の重点としなければならない」と演説した。

習指導部は自治区成立から六十年にあたって、「各民族の生活水準は大幅に向上し、衣食住の環境も大きく改善した」として、経済発展などを輝かしい成果と誇ってみせた。だが、新疆ウイグル自治区は暴力事件が頻発する重苦しさと混迷の中で、輝かしさとは遠い状況にあると思わずにはいられなかった。

締め付け強化を懸念する声も

二〇一六年七月五日、新疆ウイグル自治区で漢族と少数民族のウイグル族が大規模に衝突したウルムチ騒乱から七年が経った。五日を前に、表面上は落ち着きを取り戻したようにも見える自治区内を歩くと、当局のウイグル族に対する監視や締め付けが常態化していることにあらためて気づかされた。その年の一月には自治区でのテロ対策を踏まえた「反テロ法」が施行され、テロ対策を口実にした権利の制限を受けかねないウイグル族と漢族との断絶は深まっていた。

「ほら見て。僕の携帯には微信《ウエイシン》（中国版ＬＩＮＥ）も入ってない」。自治区北西部のイーニンで六月末、ウイグル族の三十七歳の男性が漏らした。

自治区内の路上では、当局の抜き打ち検査は珍しくない。身分証のほか、スマートフォンの中身をチェックされることも日常茶飯事だ。イスラム過激派の思想の流入や、その影響を受けたテロを防ぐとして、関係する動画や情報がないか徹底的に調べられる。「誰かに勝手に送りつけられた情報でも、見つかると大変な目に遭う。だからアプリを削除したんだ」

イーニンの二十五歳のウイグル族の男性は「7・5（ウルムチ騒乱）のあと、ウイグル族に厳しい検問が続いている」と言った。友人の二十代の男性がかつて、スマホ内のトルコ国旗のデータを見とがめられて連行されたと明かした。

中国政府は二〇一六年一月、テロを宣伝する物品の拡散禁止、テロ報道の規制を含む反テロ法を施行。公安省の反テロ局長は法制定の必要性を説明する際、「国内外のウイグル独立勢力の影響でテロの脅威が増大している」ことに言及した。

国務院（政府）新聞弁公室は六月、新疆ウイグル自治区の「宗教信仰の自由」に関する白書を発表した。新疆で近年、海外の影響を受けて過激思想が蔓延し、一部でテロリストが生まれていると指摘した。反テロ法などを根拠に断固として取り締まる姿勢を見せた。

イーニンが属するイリ・カザフ自治州は六月から、パスポート申請の際にDNAサンプルや声紋、指紋などを提出するよう義務付けた。地元の政府系メディアが伝えたものの詳細は不明だったが、「テロ対策」の一環との見方が出ていた。

ウルムチの中心部を歩いた。鉄道駅や朝市で爆発事件が続き、ウルムチ騒乱から五年が経った二〇一四年のころと比べて、装甲車や銃を構えた警察官の数は減っていた。一時は活気を失っていた人民広場にも、踊る中高年女性の団体や家族連れらのにぎわいが戻っていた。

ただ、繁華街で目をこらすと、警察官が若いウイグル族とみられる男性ばかりを次々と呼び止めて身分証をチェックしている光景に出くわした。ウイグル族の二十代の若者たちは「もう慣れた」とあきらめを口にした。漢族の四十一歳の男性はウイグル族への差別的な発言を繰り返し、別の漢族男性は「警察官がたくさんいるから街は安全だ」と話した。

取材した地元住民らは、最近自治区で大きな事件が起きたという話は聞いていないと証言した。すでに二〇一五年から暴力事件などについての中国メディアの報道が大幅に減り、当局は着々と情報統制を強めていた。反テロ法は「模倣される可能性のあるテロ活動の詳細の報道」を禁じているため、実際に事件が起きていないかどうかはわからない。自治区での暴力事件の報は落ち着いているが、事件がないことの証明にはならないだろう。

中国当局は国際社会との「反テロ」での協調をうたいつつ、情報を遮断する。現場での自由な取材を認めない。締め付けによって新疆ウイグル自治区の表層では平穏さが保たれているのかもしれない。しかし、光が遮られたその深層では、闇の中で大きな溝が広がり続けているように思えてならない。

【取材余話】ウイグル族が暮らす街で

新疆ウイグル自治区以外の地域で多くのウイグル族が暮らす場所として知られた雲南省昆明市の大樹営地区を訪ねたのは、二〇一五年三月中旬だった。昆明駅で百七十人以上が死傷する無差別切りつけ事件が前年三月に起き、その後の地区の様子が気になっていたからだ。行ってみると、ウイグル族は苦しい立場に追い込まれていた。十二年前に自治区からここに来たという男性は「ウイグル族は三十人ぐらいまで減った」と嘆いた。

ウイグル族らが起こしたとされる事件のあと、大樹営のウイグル族は部屋を貸してもらえなくなった。当局の締め付けも厳しくなり、銃を持つ警察が家を見回りに来ることも日常になったという。

「私たちはテロリストじゃないのに」と別の男性もため息をついた。不安定な生活に、妻と子どもを自治区に帰した。戻っても仕事がないため自身はとどまり、スイカを売ってなんとか生計を立てる。「みんな同じ中国人じゃないか。なぜ我々だけこんな目に遭わなきゃいけない?」。七十代の老人の言葉が胸に刺さった。

地区に唯一残るというウイグル料理の食堂に案内された。肉詰めのナンは絶品だったが、彼らの苦境を思うと味を楽しめなかった。帰り道、武装警察の装甲車を目にし、足取りはさらに重くなった。

第3章

追われるキリスト教徒
――党支配下の「信仰の自由」

「中国のエルサレム」とも呼ばれる浙江省温州市では、完成間近だった三江教会堂が当局によって取り壊された（共同通信社、2014年4月）

教会の十字架を強制撤去

キリスト教の信者が多く、「中国のエルサレム」との呼び名もある浙江省温州市に取材に入ったのは二〇一六年四月のことだった。温州は古く外国人宣教師が布教の拠点としたことなどからキリスト教徒が増え、人口約九百万人のうち七分の一ほどが信者といわれる。改革開放後の経済発展の恩恵を受け、経済力を蓄えた信者たちが寄付をして教会を建てるなど信仰活動を支えていた。「温州商人」の存在で知られる経済活動とキリスト教信仰が盛んなこの地で、教会の屋根の上にある十字架が当局によって強制的に撤去される事例が相次いでいた。

その日は上海での仕事を終えてから高速鉄道で温州に向かった。市内で一泊して目的の教会を目指す予定だった。翌朝、宿泊したホテルを出ようとすると、ロビーに当局者とみられる数人が少しずつ離れて立っているのが見えた。周囲を見回す目つきがちがう。鉢合わせすると取材のじゃまをされることが目に見えていた。裏の出口にまわり、外に出た。タクシーを見つけて乗り込む。運転手に行き先を告げたところで、十人ほどの男女に囲まれた。タクシーの前に立ちはだかったのは地元の当局者たちだった。

そのうちの一人が、何が起きているのかわからないタクシー運転手に向かって「我々は温州市政府の者です」と告げた。そして、私の方に目をやりながら言った。「彼女に用がある。話をさせてほしい」。運転手には早く出発してほしいと頼んだが、当局者ににらまれた運転手は車を発進させようとはしなかった。

「あなたたちは誰ですか。工作証（職場発行の身分証）を見せてほしい」。そう告げると、当局者は「いいですよ」と対応しながらも「車を降りて話しましょう。（私がタクシーを降りようとしないことに対して）こんなやり方をしたら我々みんなが不愉快になる。さあ、外に出てゆっくり座って話しましょう」。表向きは穏やかだが、有無を言わせぬ口調だ。

私がさらにタクシーを降りないで説明を求めると、「我々お互いのために、楽しく交流しましょう」「温州に不案内なあなたに、私たちが滞在中サービスを提供します」などと男女の当局者が代わる代わるまくし立てた。

こちらもしつこく抗議したが、当局者たちの言葉は止まらない。

「あなたのような外国の記者が温州に来たらサービスを提供する。これは私たちの仕事上の責任です。どうかあなたも協力を」

「さあ、お茶を飲みながら話をしませんか」

「私たちは温州にいらっしゃるお客さんにとても友好的です」

外国人記者である私を監視していたのは間違いなかった。結果的にこの状況では取材を断念せざるを得ず、ホテルの部屋に戻った。腹立たしい限りだが、いったん撤収することにした。ホテルを去る際に当局者は「あなたが合法的な取材をするなら問題はない。もし違法な取材をするなら、我々の担当部署が介入する。そんなところは見たくない」とのたまった。正当な取材を妨害しておいて、この言いぐさは何なのか。「私が違法な取材をするとでも言いたいのか」と問うと、「私はただこの国の決まりについてあなたに伝えただけだ」と開き直った。この時ばかりは怒りを抑えるのに苦労した。当局者に取材を遮られることが少なくない中国でも、こんなに大人数でのあからさまな妨害はちょっと珍しい。

宗教がからむ案件を外国メディアが取材することは、当局にとって敏感な問題であり、日ごろから警戒されている。ただ、それを踏まえてもこの時の対応は尋常ではなかった。五カ月後の九月には同じ浙江省の省都・杭州で主要二十カ国・地域（G20）首脳会議が開かれる予定だった。国家の威信をかけて開催する国際会議を間近に控えて、同じ浙江省から中国政府のイメージを悪くするニュースが世界に発信されるのを恐れているのか。推測の域を出なかったが、あながち誤りだとも思えなかった。

この年の八月に浙江省の別の場所に行った時には、鉄道の駅に「少数民族・外国人サービスステーション」なる一角ができており、駅を出る前に問答無用でパスポートをいったん取り上げられてチェックされた。少数民族と外国人は不審者とでも言いたげな対応に深いため息が出た。

そして九月上旬。G20首脳会議が開かれた杭州は、とにかく人と車がいないガラガラの街になっていた。当局は政府機関や学校を休みにし、杭州市民は観光地の入場料を無料や割引にして市外への旅行を奨励した。杭州と周辺地域では汚染物質を排出する工場の操業も停止した。共産党と国家のメンツのために警備を優先し、市民を閉め出して国際会議の成功を演出したといえるだろう。

信仰を警戒する中国

中国共産党は無神論を唱え、共産党員の信仰も禁じている。宗教への警戒感は極めて強い。歴史上、民衆の信仰が時に王朝を崩壊させるきっかけとなってきたからだともいわれる。

中国の憲法三十六条には「国民には宗教信仰の自由がある」と明記されている。条文では信教の自由が保障されているはずだが、それは共産党の支配を脅かさない限り、という前提付きの話になる。同じ条文の中に「社会の秩序を破壊してはならない」「外国勢力の支配を受けない」とも記されているのだ。

政府はキリスト教に対し、活動場所の登録や官製団体の設立による管理のもとで宗教活動を認めてきた。官製団体として、プロテスタント系の「中国基督教三自愛国運動委員会」、カトリック系の「中国天主教愛国会」などがある。宗教団体に「愛国」を掲げさせるのはいかにも中国式だ。「三自」とは自ら治め、自ら養い、自ら伝えるという三つの「自立」を指し、海外からの影響を排するということだ。

中国のキリスト教徒は全体で数千万人にのぼるとの推計がある。九千万人に迫る共産党員の数をすでに上回り、一億人規模という見方もある。

カトリックもプロテスタントも、政府公認の教会と、政府の管理統制下に入るのを拒んだ非公認の「地下教会」に分かれている。非公認のものは「家庭教会」と呼ばれることもある。近年、非公認の教会の活動は多様化し、信者を増やして影響力を拡大させているといわれる。

中国国内の信者が急増しバチカン（ローマ法王庁）や欧米の価値観とつながることに、

当局は神経をとがらせてきた。バチカンなどの外国勢力から国内の宗教が支配されることを認めるわけにはいかず、宗教団体が体制の批判勢力として育つことなどあってはならないのだ。

一九五一年に中国とバチカンの外交関係は断絶。バチカン側は官製団体がバチカンの承認なしに聖職者を任命することなどに非難を強め、両者の対立が続いてきた。だが近年は、両者がともに承認する司教が就任するなど、関係改善の動きが出ている。二〇一四年八月には、韓国を訪問したフランシスコ・ローマ法王が中国領空を通過した際、習近平国家主席宛てに電報であいさつしたことが話題になった。いまは台湾がバチカンとの外交関係を持っているが、中国はそこにくさびを打ち込むことを狙っているとされる。新疆ウイグル自治区でのイスラム教、チベット自治区でのチベット仏教も含め、中国政府にとって宗教政策は妥協が許されない問題と位置づけられている。

信者や教会関係者の拘束

浙江省をはじめとして福建省など中国各地で二〇一四年ごろから、当局がキリスト教の教会に掲げられた十字架を撤去する動きが相次ぐようになった。「違法建築を取り締まる」

という名目で実施された。だがそれは表向きの理由で、キリスト教を弾圧する動きというのが大方の受け止めだった。対象は非公認の地下教会だけでなく、当局に認められた教会も含まれていた。二〇一四年四月には、完成目前だった三江教会堂が当局に強制的に取り壊された。建物は二千人の礼拝ができる規模で、内装工事を残すだけとなっていたが、当局は違法に建築面積を増やしたとして取り壊しを命じたという。これに反発した信者らが泊り込みや大規模なデモを行って抵抗したため、メディアの注目を集めた。

米国の「世界の信教の自由に関する年次報告書」(二〇一五年)によると、浙江省で当局が数カ所の教会の建物を破壊したり、千五百以上の十字架を撤去したりしたとされる。信者と当局の衝突、それに伴うけが人の発生が伝えられることも多かった。信者や教会関係者の拘束も続いていた。

当局はキリスト教が盛んな浙江省で取り締まりを先行させ、その経験を生かして全国的にキリスト教徒への圧迫を強めるのではないかという観測も出ていた。

二〇一六年四月の温州取材は当局に妨害され、出直しを余儀なくされた。五月、再び温州に向かった。

中国では外国人がホテルで宿泊の手続きをすると、パスポートの情報が当局に通報されるようになっている。外国人記者がその地に入ったことが公安当局にすぐわかる仕組みだ。当局の監視がかつてないほど厳しくなっていたため、この時は車をチャーターして教会を目指すことにした。高速鉄道の切符の購入でもパスポート情報を提示する必要があり、宿泊や移動の過程で取材の足取りを把握されないためだ。日曜日の礼拝の様子を見たかったので、午前中に到着したかった。未明に上海を出て、約七時間かけて目当ての教会に着いた。

コンクリート製の建物の屋根の上、本来は十字架が掲げられるはずの場所には青空が広がっていた。その年の三月に当局が十字架を撤去していた。到着したのは礼拝の最中で、説教や祈りの様子を見せてもらった。その後、教会の関係者たちにじっくり話を聞いた。当局者が踏み込んでこないか。ずっと気になっていたが、この日は取材を妨害されることはなかった。信者たちは教会を守ろうと必死に踏みとどまったが、最後には当局の力に屈するしかなかったという。

二年間の戦い

「十字架は教会の標識であり、信仰の基盤です」

信者のリーダー格の老年の男性は無念の表情を浮かべながら、シンボルの十字架を撤去されるに至る二年間について語り始めた。

この教会には百年を超える歴史があり、当局に認められたプロテスタント系の教会だった。十字架撤去が非公認の地下教会だけを狙ったものではないことが、この教会の事例からもわかる。周辺の教会も同じような憂き目に遭っていた。

二〇一四年三月、当局から突然の通知があった。「建築の規定に合わないため十字架を取り壊す」との内容だった。地元の幹部が何人も来て、「これは上からの命令だ。絶対に取り壊さなければならない」と迫ってきた。それまで長い間活動を続けて地域に根付いてきたことを考えると、いまさら「違法建築」を持ち出すのは口実にすぎないと信者たちは感じていた。

それ以来、教会を守るために二十四時間休むことなく、一日あたり約二百人の信者たちが毎日三交代で教会に詰めたという。

男性は静かに語った。「私たちの教義のもとでは、武力を使って政府に抵抗してはいけない。キリスト教徒の本分としてやるべきことをするようみなを指導した。それは、教会に集い、道理を語り合い、そして祈ることだ」

相談した弁護士からもアドバイスを受けた。「十字架を守るためにはあくまで対話すべきだ。決して対立してはいけない。あなたたちは法律による保護を受けられる。敵対してはいけない」と。

男性は会社を経営していた。「十字架の取り壊しをはねつければ、（当局によって）会社は閉鎖させられる。会社には多くの従業員がいる。私は従業員の生活を考えなければいけないが、共産党にとっては痛くもかゆくもないことだ。彼らは部隊を持っていて、いつでも私を牢屋にぶち込むことができる」と苦しい胸の内も明かした。彼の親戚には公務員がおり、迷惑をかけることもできなかった。信仰の自由のないこの地での生活から逃れさせるため、孫は米国に送り出したという。

信者たちは実力行使を放棄し、祈りと対話で当局側と向き合う道を選んだ。ところが、ちょうど二年が過ぎようとした日、事態が急変した。

「習主席に満足してもらおう」

信者たちの証言によると、二〇一六年三月十八日深夜、当局側の数百人が教会の十字架を壊すためになだれ込んできた。車両は七十台を超えていた。当局は数時間かけて十字架を撤去していった。現場に居合わせた信者の女性は語る。

「十字架を取り壊しに来た男たちは特警（特別警察）と書かれた服を着ていた。本当の警察官の中に偽者もまじっていたみたいだった。私は彼らに尋ねてみた。そしたらある者は三百元（約五千二百円）、ある者は五百元もらって動員されていた。全部で百万元以上使われたらしい」

十字架を壊した報いは怖くないのかとも聞いてみたという。彼らのうちの一人は「自分は大丈夫だ。もし自分の次の代がどうなろうと、豚になろうと犬になろうと知ったことではない」と信仰を馬鹿にするような態度を取った。証拠として写真を撮っていたら、携帯電話を取り上げられた。

女性の話を聞いていた別の男性信者は「彼ら（当局）は一体いくらのお金を使ったのか。どれだけ無駄遣いをして、どこからあれだけの人間を連れてきたのか」と憤った。

取り壊しの時には、当局側の五人ほどが屋根の上にのぼった。ほかの人間は下で見ていた。彼らは懐中電灯を持っていた。暗がりの中のその様子は、まるで泥棒のようだったという。十字架の高さは三・五メートル、幅二メートルほどで色は赤だった。十字架の根元をのこぎりで切り倒し、大型クレーンで運び去った。

十字架が切断された時には集まった信者たちの間に動揺が広がり、あちこちで泣き声が漏れた。当局者が十字架を取り壊すのを、信者たちはただ見ていることしかできなかったという。

十代の男性信者は「十字架が取り壊された時はつらかった。無力感でいっぱいだった。信仰の心が傷ついた。僕たちは何もしていないのに」。隣にいた友人の男性信者も「なんで政府はこんなことをするのか。まったく理解できない」と力なく言葉を吐きだした。

信者たちが穏やかに守ってきた教会に対し、当局は二年間手を出さずにいたのに、なぜこの三月になって取り壊しを強行したのだろうか。「どうしてこの時期なのか」という問いかけに、リーダー格の男性は「浙江省にはこれだけ多くの教会がある。いくら当局でも一気にすべての教会に手を出すことはできない。それぞれの地域の事情もあるだろう」と言う。

そして、別の男性信者は叫んだ。「夏宝竜《シアパオロン》が命令したんだ！」

「夏宝竜」とは何者か。当時のポジションは、浙江省のトップである省共産党委員会書記。習と非常に関係が深いといわれている人物だ。かつて習が浙江省トップを務めた時の部下だった。

　この教会で信者たちから話を聞いた約二カ月前の三月七日、北京で開かれた全国人民代表大会（全人代）で、夏を取材する機会があった。それは夏のキャラクターをよく表す記者会見だった。全人代では省ごとに、メディアに公開される会合が持たれる。この日の浙江省代表団の会合後、夏は会見で言い放った。主要二十カ国・地域（G20）首脳会議の開催で、習主席に満足してもらおう――。会見を聞いていた私は思わずペンを動かす手を止め、夏の顔を凝視してしまった。地元開催の国際会議を宣伝しつつ、忠誠心も際立たせたというのだろうか。夏は話しながら満足げな笑顔を見せた。こんなに堂々と、臆面もなく最高指導者向けのアピールをするとは。

　夏は、G20開催で四つの満足を得る必要があるとし、「一つ目の満足は、党中央と習主席の満足」と述べた。さらに、二つ目は各国から訪れる元首と随行者らの満足、三つ目は全国の人民の満足、最後に浙江省の人民の満足、と列挙してみせた。この浙江省代表団の会合には王毅外相も参加し、G20首脳会議を「必ず成功させなければならない」と檄を飛ばした。G20首脳会議は、中国が国家の威信をかけてなんとしても成功させなければならないイベントだった。王や夏の言葉からもその気合の入れようが伝わってきた。

揺るがない信仰

共産党指導部への絶対的な忠誠を誓う夏には、党のイデオロギーよりも神の権威を重んじるように見える宗教はいらだちの対象だったのだろうか。浙江省で二〇一四年ごろ十字架の強制撤去が始まったのは、省トップの夏が温州を視察したのがきっかけだったという見方があった。道路沿いなどで十字架が目立ち、目障りだったのを見とがめたからだというのだ。もちろん、視察の際に目障りだったからという単純な理由で十字架撤去が繰り広げられているわけではないだろう。ただ、信者たちは省トップの夏が十字架撤去を指示したと受け止めていた。浙江省のほかの教会関係者の間でもそうした見方が広く語られていた。

夏の命令だと話した男性信者は「その理由は私たちにもわからない。とにかく政府は十字架を取り壊す。建築の規定に反しているなんて口実だ」と話す。そして諦めたように言うのだ。「私たちが泣こうが騒ごうが、何の役にも立たない」と。

それでも信仰は揺るがない。「私たちは何代にもわたってキリスト教を信仰してきた。母のおなかの中にいる時から信仰は始まっていた」

別の男性信者は「中国には信仰の自由があるのに、なぜキリスト教徒はこんなに不自由なんだ？　実際は自由なんてないんだ」と暗い表情を浮かべた。

リーダー格の男性は、夏が教会を敵視する理由について「キリスト教をコントロールしたいんだろう。中国は一党支配、共産党が黒と言えば黒、白と言えば白だ。習近平はキリスト教を中国の特色あるキリスト教に変えたがっている。習近平は夏宝竜を使って浙江省で試験的に十字架撤去などをやってみて、そのあと全国に広めようとしている」と警戒する。夏はいずれ党指導部の政治局員、北京市トップの市共産党委員会書記にもなりそうだといううわさが出回るほど、夏と習のパイプは太く、その後の出世は固いと思われていた（結局、夏はその後、北京市トップにはなれなかったが）。多くの信者が夏の強権の前に無力感を抱くのにも理由があった。

リーダー格の男性の話は続いた。「十字架をなくして信仰の土台を否定するなら、憲法に定められた信仰の自由は意味がなくなってしまう。信仰の自由がないのなら、国連からも脱退すべきだ。そんな国は世界から認められやしない」。そのころ、ある教会では三人の女性信者が十字架に自分の体を縛りつけて抵抗し、撤去しないよう懇願したが、結局は取り壊されてしまったという。だが、別の教会では三年間十字架を守っていて壊されていなかった。

信者たちは新しい十字架を立てたいという。

「教会は困難の中で建てられた。温州のキリスト教は苦難の中で成長してきた」。悔しさをにじませながらも、信念を貫き通す覚悟を見せた。

宗教への警戒と活用

二〇一六年二月、中国政府公認でプロテスタント系の「中国キリスト教協会」の顧約瑟《クーユエソー》牧師が資金流用の疑いで逮捕されたことが明らかになった。顧は十字架の強制撤去などに反対していたとされ、教会に対する一連の締め付けと逮捕との関連を指摘する声が上がった。

温州市の政府系サイトは同じ月、教会の取り壊しや十字架撤去に反発した信者の抗議集会を背後で画策したとして拘束されていた北京の弁護士、張凱《チャンカイ》が「(信者を)だまして対立をあおり、社会秩序を乱した」と述べ、誤りを認めたと報じた。張が「社会秩序を混乱させ、国家の安全に危害を加えた」としてざんげする映像も公開された。その後、張は釈放された。

張は十字架を撤去された百を超える教会から委託を受け、法律顧問になっていたという。当局側は張が「二〇一五年七月以降に温州で起きた十件以上の違法抗議集会を背後で画策した」「海外組織から資金援助を受け、海外の指令を直接執行した」などと主張し、糾弾した。

張が拘束されたのは二〇一五年八月。訪中した米国の「宗教の自由担当大使」と面会する前日だった。ケリー米国務長官はこの年の十月、世界の信教の自由に関する年次報告書を発表する記者会見で、張の釈放を求めた。共産党政権が張の拘束やその後のざんげ映像公開にまで動いたのは、キリスト教の影響力が広がり、さらには人権派弁護士や民主化運動と結びついて体制の脅威になることを恐れたからだという見方がある。非公認の教会だけでなく自らが公認した教会にも圧力を加えるやり方は、政権への不満が宗教を通じて拡散するのではないかという疑心暗鬼に陥っている表れのようにも見える。

かつて共産党は「宗教はアヘンである」として排除政策をとっていたが、一方では宗教を国家の安寧と秩序維持のために活用したいとも考えている。習は二〇一五年、重要会議で「経済発展と民族団結、祖国統一を促進させるために宗教を活用するよう」に指示を飛ばした。共産党政権下の宗教政策は、警戒と活用の折り合いをどうつけるか迷いの中にあるといえるのかもしれない。

儒教の復権

中国の経済成長に伴う貧富の格差拡大と蔓延する拝金主義、社会での競争の激化などを背景に、心の豊かさや精神的な支えを求める人が増えている。こうした人々の受け皿となっているのはキリスト教だけではない。中国で生まれ、二千年以上の伝統を誇る「儒教」に心のよりどころを求める人たちも多くなっている。儒教の始祖・孔子の教えはいまも息づいており、政府もかつて弾圧の対象だった儒教を認め、それを最大限利用しようとしている。

孔子は、中国春秋時代の思想家（紀元前五五一年ごろ～前四七九年）だ。故郷で役人となり司法長官まで昇進したが、五十代半ばに政争に敗れたとされ、弟子を従えて十数年のあいだ諸国を遍歴し、諸侯に徳の道を説いて回った。晩年は故郷で弟子の教育と書物の整理に専念した。

孔子が説いた仁（人間愛）や礼などを重視した考えを体系化したものが儒教だ。論語は孔子の死後にその言行を弟子らがまとめた書物で、「過《あやま》ちては則《すなわ》ち改むるに憚《はばか》ること勿《なか》れ」

「朋《とも》あり、遠方より来《きた》る、また楽しからずや」などの言葉は有名だ。「温故知新」など論語に由来する四字熟語もあり、日本文化にも影響を与えた。学生時代、論語に触れたことがある人も多いだろう。

論語暗唱で世界遺産の見学がタダ

孔子のふるさと山東省曲阜市で二〇一五年、外国人観光客が論語の中から五つのフレーズを暗唱できれば、孔子をまつる世界遺産「孔廟《こうびょう》」などの見学が無料になるサービスが始まった。二〇一五年五月までに日本を含む十二カ国の三十九人が暗唱に成功したと報じられていた。

曲阜には孔廟のほか、孔子の子孫らが住んだ「孔府」、孔子の一族が眠る墓地「孔林」という孔子ゆかりの観光地があり、合わせて「三孔」と呼ばれる。三カ所を見学できる入場券は百五十元（約二千九百円）だが、外国人観光客が暗唱に成功すればタダになる。

中国語、英語、または自国語で十分以内に自分で選んだ五つのフレーズを暗唱し、審査委員に正確だと認められると「栄誉証書」をもらえる。それを持っていけば見学が無料になる仕組みだ。曲阜市観光局の幹部は取材に対し、「外国人観光客が論語を勉強してくれば、見物する時に味わいが増すだろう」と話した。

曲阜では二〇一三年から、主に中国人向けに「論語の三十フレーズ暗唱などで三孔の見学無料」という制度があった。すでに二万人近くが参加し、一万二千人以上が関門を突破していた。

世界で最も長い家系図

脈々と受け継がれてきた孔子の教え。その家系も連綿と続いていた。家系図はなんと二千五百年以上も続くという。様変わりした現代で、聖人の子孫たちはいま何を思い、どんな生き方をしているのか。

二〇一四年九月、孔子のふるさと曲阜を訪ねた。人口約六十四万人のうち二割ほど、約十三万人が孔姓を名乗る。

孔子をまつる「孔廟」の近くに「孔子家系図研究センター」があった。曲阜市の機関だ。主任の孔徳銘は孔子から数えて七十七代目の子孫で、三十七歳。「家系図をつくるのは中国の伝統文化。中でも孔子の家系図は長年途切れることなく続いており、価値が高い」と胸を張った。

孔子の家系図は、「世界で最も長い家系図」としてギネス世界記録に登録されている。時代によって違いはあるが、歴代の皇帝に保護されたことなどが孔家の繁栄につながった。五年前には、歴史上五回目となる本格的な家系図の改訂版ができた。全八十冊、四万三千ページ、収録人数は約二百万人に及び、一九三七年の大改訂の約五十六万人から大幅に増えた。

家系図をめくってみた。子孫の名前のほか、生年、卒業大学、妻と子の名前などが載っている。徳銘によると、希望しない人は細かいデータを載せなくてもいいそうだ。

子孫らはいま、膨大な家系図のデータベース化を進めている。これまでの紙の家系図をもとに、新たに名乗り出た人が子孫だと確認できれば加える。将来的には、子孫が自宅のパソコンで自身の名前を検索できるようにする計画もあるという。

大改訂の責任者を務めたのが、北京に住む孔徳墉、八十七歳。孔子の子孫らでつくる国際団体の会長で、本家の七十七代当主（故人）の近い親類だ。本家の七十九代目当主、三十九歳の孔垂長は台湾に住む。

世界一に認定されたことを聞くと、「当たり前だ」とそっけない。徳墉はそれよりも、「今回のものはグローバルな家系図なんです。時代は進んでいるから」と強調した。孔の

孔子の生誕2565年を祝う式典に参加する人たち（山東省曲阜市、金順姫撮影、朝日新聞社、2014年９月）

姓を名乗る女性の名前が初めて加わったほか、米国やシンガポール、韓国などの外国籍、中国の少数民族も収録されたのだ。

元韓国外相や五輪の覇者も

孔子の子孫にはどんな人がいるのだろう。調べてみると、元フランス大使の孔泉やシドニー五輪の卓球男子シングルスの覇者、孔令輝らがいた。

中国以外では、韓国の駐日大使や金泳三《キムヨンサム》政権の外相を務めた孔魯明（八十二歳）も子孫だと聞き、電話で話をうかがった。七十九代目という。「韓国でも中国でも、孔子の子孫の方と会うと親しみを感じる」と語った。

「経済発展の一方で中国人は拝金主義になり、

道徳観がなくなってしまった。いま、中国人を教育するのに必要なのは孔子だ」と言うのは、日本で中国情報紙を編集する孔健（五十六歳）。「中国では、社会の激しい変化を経て、安定を求める時代に孔子の思想が求められる。まさにいまだ」という解釈を披露してくれた。

中国では文化大革命（一九六六〜七六年）の際、儒教は封建主義の思想として徹底的に攻撃された。時代は移り、いまは共産党指導部も孔子を持ち上げる。

曲阜の小学校では、孔子の教えを学ぶ課外授業が行われている。孔子の教えを読み上げる小学生たちの元気な声が、教室いっぱいに響いた。教壇に立つのも、子孫の孔為峰（四十四歳）だ。週末には希望者に無償で孔子について教えてもいる。

以前は知人とともに飲用水の会社を経営したこともあったが、小学校の教師に転じた。いまの給料は決して多くはないが、生活には満足している。「お金を稼ぐことはそんなに難しくないが、お金はいくらあっても欲望を満足させられない」

教室には、孔の姓を名乗る子どもたちもいた。孔瑞雪（十一歳）は「汚い言葉は使わず、けんかはしない。ゴミを見つけたら拾う。ほかの人を助ける」ことを心がけているという。孔徳萱（十歳）も自らの心得を「よく勉強し、両親の情に報いる」ことだと語る。「そろそろ反抗期だから、両親は私が言うことを聞かなくなるのを心配してるの。だからこの授業を受けるのに賛成よ」

やはり孔家の歴史がそうさせるのか。まだ、子どもなのに、人生の「模範解答」といえるような言葉がすらすらと出てきた。

中国社会のモラルは低下したといわれる。上海に赴任後、病死した動物を食肉として売っていた事件や、過剰に抗生物質を投与した鶏の話題など、食品の安全問題を記事にした。日常生活では、ゴミのポイ捨てや地下鉄で子どもに排泄させる親の話も見聞きした。

取材で出会った人はみな聖人とはいわないまでも、「優等生」の子孫たちだった。大人だけでなく子どもまで。孔子の教えを実践することが、こんな社会の現状を改善する処方箋になるのかもしれない。ただ、「異端児」の子孫にも会ってみたかった。

孔子は「ソフトパワー」に

曲阜を取材で訪れていた二〇一四年九月二十八日、孔子をまつる「孔廟」に数千人が集まっていた。孔子の生誕二千五百六十五年を祝う式典だった。雨模様のなか、省政府の役人らが壇上に立った一連の行事を、伝統的な漢服を着た一団や学生らが熱心に見守っていた。

共産党の最高指導部は近年、孔子と儒教を持ち上げるのに余念がない。習は九月二十四日、孔子生誕を記念して北京で開かれた国際学術セミナーに出席。「孔子が打ち立てた儒家の学説と、それを基礎に発展した儒家思想は中華文明に深い影響を与え、中国の伝統文化の重要な構成部分となっている」と述べた。

そんな中で中国政府は、「孔子学院」と名付けた中国語教育機関を世界中に広めようとしている。この十年間で、百二十三カ国・地域の四百六十五カ所に孔子学院を、七百十三カ所に小中学校などにつくる「孔子教室」を設置したという。日本でも「立命館孔子学院」などが開設されている。

孔子は利用価値の高い「ソフトパワー」になったのだ。九月二十七日は「孔子学院デー」。習は、孔子学院の創設十周年を迎えるにあたっての書簡で「孔子学院は中国の人民と各国の人民の相互理解と友好を深めることに重要な役割を果たしてきた」と自賛した。

だが、中国政府の思惑通りに事は運んでいない。孔子学院をめぐって、米国のシカゴ大学、ペンシルベニア州立大学が相次いで、契約更新を見送ったり、閉鎖方針を決めたりした。米大学教授協会は「学問の自由をないがしろにしている」と批判し、各大学に契約の打ち切りを促す声明を出していた。

民主化や人権など、中国政府に都合の悪い内容を授業で扱うことができないことが背景にあるとみられている。親中派を増やそうとする「ソフトパワー」が、反対に各地で摩擦を起こしているのだ。

北京での国際セミナーで習は、こうも述べた。

「中華民族は平和を愛する民族であり、平和を愛することは儒家思想に深い根源を持つ」

中国の最高指導者のこうした言葉を聞くにつけ、時代の移り変わりを思う。文化大革命の時には、「儒教は封建的だ」という大合唱が起きたのだから。

日本や東南アジアの国々との対立も辞さないように見える拡張的な姿勢や、国内で深刻化する少数民族問題をめぐるウイグル族やチベット族への対応とは落差があるのではないか。孔子が説いた仁や徳の教えと現指導部のあり方の間に、なんともしっくりこない違和感が残った。

【取材余話】チベット仏教

中国のチベット自治区は二〇一五年九月一日、成立から五十年を迎えた。チベット自治区では外国メディアの立ち入りと取材が厳しく制限されているため、直前の八月下旬、隣接する四川省のチベット族居住地域に入った。そこでは信仰と民族の誇りを守ろうとする人々が抑圧への抵抗を続けていた。

チベットをめぐる歴史を振り返る。唐の時代、吐蕃《とばん》と呼ばれる王国が栄えた。一九四九年に新中国ができたあと、政府や漢族支配への抵抗が繰り返されてきた。一九五一年に人民解放軍がラサに進駐し、チベット族側の反発が広がった。一九五九年の動乱を軍が鎮圧。チベット仏教の最高指導者ダライ・ラマ十四世はインドに脱出し、亡命政府を樹立した。一九六五年、中国でチベット自治区が成立。その後も抗議行動が続き、一九八九年にはラサに戒厳令が敷かれた。中国のチベット族居住地域はチベット自治区のほか、青海、甘粛、四川、雲南各省にある。

ダライ・ラマ十四世側は中国からの独立は求めず「高度な自治」を得ることを目指している。中国政府はダライ・ラマ十四世をチベット独立をもくろむ「分裂主義者」とみなして敵視している。ダライ・ラマ十四世の後継者選びにも手出しする考えだ。高僧の死後に生まれ変わりの子どもを探す伝統的な「転生制度」で、当局の事前承認を求める規則を二〇〇七年に定めた。

私が取材したのは、標高約三千五百メートルに大草原が広がる四川省アバ・チベット族チャン族自治州ゾルゲ県。県中心部のチベット寺院では、一心に祈りを捧げるチベット族の姿があった。人口約七万八千人の県で、それまでにチベット僧ら十人が焼身自殺を図ったと伝えられていた。

最近、焼身自殺で亡くなった男性が知り合いだったという四十代の僧侶に出会った。経緯を尋ねると「ダライ・ラマが帰って来られないことが、つらかったのだろう。無事に戻ることを生きる希望にしていたから」と答えた。自殺には、帰還を許さない政府への抗議が込められているという。

二〇〇八年三月、中国政府の抑圧的な統治に不満を持ったチベット族による大規模

ゾルゲ県の寺の前で「五体投地」を続けて祈るチベット族の女性たち（金順姫撮影、朝日新聞社、2015年8月）

な抗議行動「チベット騒乱」が起き、当局が力で押さえ込んだ。その後、寺院などへの圧力がさらに強まるなか、焼身自殺が各地で目立つようになった。チベット亡命政府などによると二〇〇九年二月以降、自殺を図ったチベット族は百四十人を超え、少なくとも百二十人以上が死亡した。

中国政府は、住民の不満を和らげようとチベット自治区などで大規模な開発や経済支援を続けた。ただ、僧侶は「豊かになることに関心はない。大切なのは宗教上の自由だ」と語る。チベット族の四十代の男性住民は、自宅にダライ・ラマの写真を飾っている。焼身自殺について「チベット族全体のために身を捧げて抗議している。本当に胸が痛む」と肩を落とした。

二〇一五年に入り、チベット自治区トップが、寺に中国国旗を掲げさせると表明するなど締め付けを強化。当局が寺に監視カメラを設置し、付近に警察官を常駐させることにもチベット族の不満が募る。当局が寺に毛沢東や鄧小平の写真を飾ることを強要し、僧侶に変装した警察官を送り込んで寺を監視しているといった情報もあった。

アバ・チベット族チャン族自治州内で会った男性は、スマートフォンにダライ・ラマの動画を保存していた。中国版LINE「微信」を通して入手した。インドにわたった亡命チベット人らが微信を通して中国のチベット族に動画や写真を送り、それが中国内の友人知人の間で拡散しているという。

第4章

貧困問題と「反腐敗」という劇薬

——経済発展の裏面

兄妹4人が農薬を飲んで自ら命を絶つ事件が起きた貴州省畢節市の現場近くでは、母親が出稼ぎで不在の幼い少年が靴を洗っていた（金順姫撮影、朝日新聞社、2015年6月）

目を覆いたくなる貧困の現実

租界時代のレトロな洋風建築と近未来を感じさせる個性的な高層建築が立ち並ぶ上海中心部の外灘《バンド》と対岸の陸家嘴《ルーチアツオイ》エリア。ここは北京の天安門広場と並ぶ中国の代名詞とでもいうべき場所で、その景色は中国に行ったことがない人にも馴染みがあるかもしれない。

黄浦《ホワンプー》江沿いにそびえる摩天楼群は、経済発展を遂げた中国を象徴するまばゆいばかりの光景を作り出している。二〇一六年六月には、ここ上海でアジアでは東京と香港に次いで三カ所目となる「上海ディズニーランド」も開園。オープン時には習近平国家主席が祝辞を寄せるほど当局も熱を入れていた。高いといわれる入園料だが、開園から一年の入園者数は目標の一千万人を超え、好調な滑り出しといえそうだ。

習指導部が掲げてきたのは、中華民族の偉大な復興という「中国の夢」の実現だ。強大な経済力を蓄えた中国は、積年の夢に一歩ずつ近づいている高揚感のまっただ中にいる。そんな解説をしてくれる知人もいる。

私が上海支局に赴任した二〇一二年にはすでに中国のGDP（国内総生産）が日本を抜いたとされてからしばらく経っていたが、約四年に及ぶ特派員生活の中で、中国人の生活の豊かさを実感することは多かった。スターバックスの店舗は大抵どこも繁盛していたし、スマホで商品を注文・決済したりタクシーの予約や自転車のシェアをしたりするのはごくありふれた日常になっている。食事や買い物の際、日本円に換算すれば日本よりも物価が高いと感じる場面が増えてきたようにも思う。おしゃれなカフェやレストランを探すのに上海で苦労することもない。想像を超えるお金持ちの逸話にも事欠かない。

しかし、である。中国経済が繁栄しているという言い方を簡単にしていいものなのか、という思いをずっと抱いてきた。日本にあふれる中国経済の崩壊予想に同調して言っているのではない。上海から遠く離れた各地に飛び、この巨大な国の目を覆いたくなるような貧困の現実も取材してきたがゆえの、ぬぐい去ることのできない思いにほかならない。

ゴミ箱の中で死んだ五人の男児

上海に赴任した翌月の二〇一二年十一月、忘れることのできないニュースが飛び込んできた。以来、貧困層の存在が頭を離れなくなった。

内陸部にある貴州省の畢節《ビーチエ》市で、大型のゴミ箱の中で暖を取っていた男児五人が一酸化炭素中毒で死亡する事故が起きた。中国紙の報道によると、十一月十六日、九〜十三歳の親戚関係にある男児五人が遺体で見つかった。現場には木炭を燃やした跡があった。親は出稼ぎに出るなどしていて、男児らは学校を欠席することが多かった。家出を繰り返し、この時も捜索願が出ていたという。

中国の農村部では、貧しい家庭の親が都市部に出て出稼ぎをしなければならず、家に取り残された子どもたちが十分な保護や教育を受けられていない実態がある。こうした子どもたちは「留守児童」と呼ばれ、大きな社会問題となっていた。貴州省は中国で特に貧しい省の一つであり、留守児童への対策が急がれていた。男児らの死は全国的に大きく報道された。

現場となった大型のゴミ箱の近くに地元政府の事務所があったため、「なぜ子どもたちを救えなかったのか」という点にメディアの注目が集まった。行き場のない子どもたちを見殺しにしたのではないか――。市当局はイメージを回復するのに躍起となり、目に見える形での対応を迫られた。事故の責任を問い、関係する幹部ら八人を免職や停職処分にした。また、出稼ぎのため親が長期不在となっている子どものための基金を設けることも決めた。

ゴミ箱の中で幼い子どもたちが寒さに耐えかねて肩を寄せ合っていたのかと思うと胸が

締め付けられた。安らげるはずの家にも学校にも、そして地域の中にも五人の居場所はなかったということだろうか。

当局は拡大する事故報道を封じ込めようと動いていた。

この死亡事故をどの中国各紙よりも早くネット上で伝えたのが、地元紙の元記者の男性だった。この男性から電話で事故の詳細を聞こうとしたが、当局は彼を別の地方へと連れ出し、メディアが接触できないようにしている可能性が高いことがわかった。元記者の息子が中国メディアに語った内容などによると、当局側は二十一～二十五日、男性と妻を地元から連れ出した。中国では、当局が表に出られるとまずい人物を観光や旅行などと称して連れ回すことが珍しくない。関係者の弁護士は電話取材に「メディアと接触させると、地元の別の腐敗も暴露されると思ったのではないか」と説明してくれた。

「畢節」という地名が、強烈に脳裏に焼き付いた出来事だった。当局が体面を保つ対応しかできなかったことが、畢節の子どもたちの未来に禍根を残すことになってしまう。この死亡事故からおよそ三年後の二〇一五年六月、私は再び、この畢節の地で起きた別の留守児童たちの死と向き合うことになるからだ。悲劇は繰り返されてしまった。

ネットの書き込みを指示

畢節市で再び悲劇が起きた二〇一五年六月の事件とその取材は後述する。ここでは、その六月に畢節を訪れた際、亡くなった男児らを大型のゴミ箱の中で目撃したという四十一歳の女性の証言を得たことについて書く。この女性は三年前の出来事をまるで昨日のことのように覚えていた。

私は畢節市に行ったら、ゴミ箱で起きた三年前の死亡事故の取材もしようと決めていた。市中心部に近いエリアで目撃者を探して歩き回り、ようやくこの女性のもとに行き着いて大型のゴミ箱があったという場所まで案内してもらった。そこは大通り沿いの歩道部分で、周辺を行き交う車の数も人通りも少なくなかった。これだけの人目がある場所で悲劇が起きたのか。防げた事故ではなかったのか、との思いがよぎった。

男児たちを目にしたのは当日の朝八時ごろだったと、女性ははっきりと記憶していた。まだ比較的新しく、フタの開いたゴミ箱の中に子どもたちが並んで横たわっていた。かたわらには警察官が立っていた。

「なんでこんなところで寝ているの！」

子どもたちが息を引き取っているようには見えず、思わず叫んだという。

女性には十四歳の息子がいた。亡くなった男児らとは同年代だ。「あんなふうに子どもが死んでしまうなんて、やりきれない」と、当時の光景を思い起こしながら涙で言葉を詰まらせた。

地元のメディア事情を知る人物の話も聞くことができた。その証言によると、大型のゴミ箱で死亡事故が起きたあと、批判の矛先が向くのを恐れた当局が、地元メディアの関係者らにネットへの書き込みをするよう指示をしたというのだ。事故は「政府に責任がある問題ではない」という趣旨の記事を一日五本、一カ月間投稿し続けるよう命じたという。

あきれるしかなかった。当局の当事者意識の低さが、この地で続く留守児童の悲劇を食い止められない原因の一つだと思えてならなかった。

「愛心ママ」と孤児を襲った火災

二〇一三年一月、河南省で孤児七人が死亡する火事があり、中国社会に大きな衝撃を与えた。公的な施設ではなく、親から捨てられた子どもら百人以上を引き取った一人の女性宅での火事だった。「愛心ママ」と呼ばれていたこの女性の行為が、政府の児童福祉政策の不備を一気に浮かび上がらせた。

孤児たちの死に話が及ぶと、ベッドに横たわった女性は顔をゆがめて泣き出した。愛心ママこと袁厲害《ユワンリーハイ》(四十六歳)。心臓病や火事の衝撃が相まって入院していた。「何も食べたくないし飲みたくない。ただただ、子どもたちに会いたい」

河南省開封市蘭考県の自宅が火事になったのは、取材の一週間前にあたる一月四日。養育していた十九人のうち、生後七カ月〜五歳の子どもと、障害のある二十歳前後の男性の計七人が死亡した。出火原因は子どもの火遊びだったと判明した。ほかの場所でも、袁は十数人の面倒を見ていた。

病院のほど近く。車が行き交う道路から細い路地を入ると、二階建ての一軒家があり、焼け跡には焦げ臭いにおいが漂っていた。袁は酒やたばこの卸売り、商品の配達などで生計を立てながら、ここで子どもを養っていた。

二十五年前。病院の前で露天商を営んでいた袁は、病院のトイレに赤ちゃんが放置されているのを見つけた。家に連れ帰り、体をお湯で温めると、ぐったりしていた赤ちゃんは生気を取り戻した。子どもが二人いた袁の、愛心ママとしての歩みが始まった。

うわさを聞きつけた近隣の人や病院から子どもを引き渡された。ひっそりと戸口に子どもを置いていかれることもあった。

人口抑制のために続いた「一人っ子政策」のもと、中国では子どもの誘拐や売買が社会問題となっていた。その一方、袁の家に託される子どもは累計で百人を超えた。その多くが障害児だった。

袁は小学校を一年でやめ、字が読めない。孤児を養う資格は満たしていなかったようだ。でも、「私が引き取らなければ、ほとんどの子どもは死んでしまう。私は良心に従っているだけ」と話した。

蘭考県には公的な孤児の養育施設がなかった。中国誌によると、地元政府は子ども一人につき八十七元（約千二百円）の生活費を袁に渡していたという。

この火事を中国社会は深刻に受け止め、多くのメディアがこぞって大々的に取り上げた。個人の善意頼みだった福祉行政のあり方への危機感は強かった。

中国民政省によると、十八歳未満の孤児は全国で六十一万五千人。このうち、公的な孤児の養育施設にいるのは十万九千人だという。

長年にわたって公的な福祉の不備を補ってきた袁の行為が知れ渡り、中国版ツイッター「微博」には、袁への賛意と当局への批判があふれた。「政府は自分たちの欠陥を反省すべきだ」「民政局は給料に見合う仕事をしているのか」「政府は一体何をしていたんだ」

蘭考県の民政局長ら六人は責任を問われ、停職処分となった。

中国メディアの論調も厳しいものだった。民政省は火災を受け、民間による孤児の収容状況を調査するよう全国に指示したが、中国紙から「条件に適さない施設が一斉に取り締まられると、子どもたちはどうすればいいのか」との指摘が出るなど、当局の対応を批判する声はなかなか鳴りやまなかった。

「留守児童」の兄妹四人が命絶つ

二〇一五年六月九日の夜、貴州省の貧困地域で兄妹四人が農薬を飲んで自ら命を絶った。兄妹は親が出稼ぎで家を離れ、孤独な暮らしを強いられていた留守児童だった。子どもの自死は社会に衝撃を与え、世界二位の経済大国が抱える貧困問題を改めてクローズアップさせた。

場所は貴州省畢節市。第一報でその地名を聞いてはっとした。二〇一二年十一月、大型のゴミ箱の中で暖を取っていた男児五人が一酸化炭素中毒で死亡するという痛ましい事故の記事を書いた記憶と結びついた。その現場も畢節市だった。ゴミ箱で起きた死亡事故でも、犠牲になった男児らの親は出稼ぎに出るなどして家にはいなかった。また同じ畢節で留守児童が――。

驚き、悲しみ、いらだち、怒り……。様々な感情を抱き、多くの人々がこの二つの悲劇を重ね合わせたにちがいない。ゴミ箱の中で子ども五人が亡くなるという事故の衝撃が強烈だっただけに、三年前の悲しい記憶は風化することなく人々の心に刻まれていたのだろう。子どもたちの悲惨な死がここ畢節で繰り返されたことは、中国社会の中で重く受け止められた。留守児童の問題の深刻さから、もうこれ以上目を背けることはできないとの思いが広く共有されたはずだ。

畢節という地は、貧困や留守児童をめぐる構造的な問題が横たわっている場所なのだろうか。現場を踏み、この目で確かめるため、上海からの直行便で畢節市へと飛んだ。

父は出稼ぎに、兄妹学校行かず

四兄妹の自死から五日後の六月十四日、現場となった貴州省畢節市の茨竹村を目指した。市中心部から車で約三時間、起伏の激しい山道を進むと、トウモロコシ畑が広がった。その一角に、兄妹四人が住んでいた家があった。入り口には鍵がかけられ、警察官たちが見張っていた。

同じ村に住んでいる張啓付（四十歳）が、事件当時の様子を語ってくれた。六月九日午後十一時ごろ、「どん」という音が聞こえ、イノシシが鳴いているような声も耳にした。驚いて屋外に出ると、数十メートル先の兄妹の家の前で少年が倒れているのが見えた。少年はけいれんしながら水分を吐き、いまにも息絶えそうだった。黒いシャツとズボン姿。靴は履いていなかった。イノシシの鳴き声に聞こえたのは、少年のうめき声だったとみられる。

貴州省民政庁の報告によると、死亡したのは、十四歳の長男と五〜十歳の妹三人。四人とも農薬を飲んで自死したとみていた。兄妹の三十四歳の父親は出稼ぎで不在。三十二歳の母親も二年前に家を出ていた。長男が豚の世話などをしながら、幼い妹たちの面倒を見ていたという。

近所に住む六十三歳の張宗義は「家の中はぼろぼろで汚れていた。服や靴、いろんな物が散らかっていた」と言う。「子どもたちには両親の愛が足りなかった」と語った。

貴州省の一人当たりの域内総生産（二〇一三年）は約二万三千元（約四十六万円）で、中国の省と直轄市の中で最下位。上海の三割に満たない。地元の報道によると、茨竹村は貴州省の中でも特に貧しい農村部にあり、約二千五百人の住民のうち半数ほどが出稼ぎで村を離れていた。

四人は家から出ることが少なかった。学齢期の長男と妹二人は五月八日から学校に行っていなかったと中国紙は伝える。役人や学校の先生が六月九日に家を訪ね、学校に来るよう促した。四人はその夜、農薬を飲んで亡くなった。

警察当局は、少年が宿題をするノートに書いたという遺書の概要を中国メディアに公表した。

《みなさんの好意に感謝します。みなさんがよくしてくれたことはわかっています。でも僕は行かなければならない。僕は十五歳まで生きないと誓っていた。死ぬことは長年の夢でした。今日、リセットします！》

兄妹の家から数百メートル離れたところで、八歳の男の子が靴を洗っていた。「ママがいなくて寂しいけど、パパが帰ってきたからうれしい」。男の子の父親、二十七歳の蘇忠成は広東省に出稼ぎに出ていたが、二カ月前に村に戻った。養豚などで細々と暮らすが、妻は出稼ぎに行ったまま。「ここで金を稼ぐのは簡単じゃない」と声を絞り出した。

当局による取材妨害

貴州省民政庁は、四人の生活について「現地では中ぐらいの水準」だと発表した。民政庁の報告はさらに、兄妹の家にはトウモロコシやベーコンが残っており、銀行の口座には約三千五百元（約六万八千円）があったと記す。三階建ての家を建てるのに十万元（約百九十四万円）以上かかったともいう。地元の当局者は中国紙の取材に「貧困が原因の自殺という言い方は認められない」と語った。

こうした地元政府の言い分には、ネット上で反発が起きた。「三千五百元あるからどうだと言うのか」「その十万元は食べ物にはならない」。貧困と子どもたちの自死の結びつきを避け、責任から逃れようとする当局の姿勢を感じ取ったのではないだろうか。

私が現地入りし、四兄妹が住んでいた家の近くで住民に取材をしていると、当局からじゃまが入った。目の前に立ちはだかった当局者は「この件に関しては中国のメディアがすでに詳しく客観的な報道をしている」と言い放ち、外国メディアであることを理由に取材を阻止した。

三年前の死亡事故から当局の体質は変わっていないように見えた。責任逃れや批判を避けるための世論の誘導、取材妨害……。そんなことに費やす労力があるのなら、貧困や孤独にあえぐ子どもたちを一人でも多く救うため何かできないのか。怒りを覚えずにはいられなかった。

留守児童が五千万人減？

大型のゴミ箱の中で男児五人が死亡した三年前の悲劇と、四兄妹の自死が同じ地域で起きたこともあり、中央政府は事態を重く見た。四兄妹の自死のあと、李克強首相は「悲劇を繰り返してはならない」と訴え、留守児童らを保護するための対策を強化するよう指示した。地区や教育担当の幹部らは責任を問われ、停職や免職などの処分を受けた。

中華全国婦女連合会などによると、二〇一〇年時点で親と離れて暮らす農村の留守児童は全国に約六千百万人。そのうち、両親とも離れているのは約四十七パーセントと推計された。ゼロ～五歳の子どもは二千三百万人以上とみられていた。

また、民間団体が貴州省や雲南省などで約千人の留守児童にアンケートしてまとめた調査結果によると、留守児童のうち十一パーセントが月に三～四回親に会っているが、十五パーセントは年に一度も会っていないという。新華社通信は「多くの留守児童が見捨てられた状態だ」と指摘した。

留守児童の問題は、農村部の貧困や格差の問題を端的に示しており、共産党指導部も注視している。習は四兄妹の自死直後の六月中旬、視察先の貴州省で地方幹部を前に「二〇二〇年までに貧困から脱却できるようにしなければならない」と演説。留守児童への支援も求めた。

新華社通信によると、年間の収入が二千三百元（一日当たり六・三元＝約一ドル）以下で生活する農村の貧困人口は約七千十七万人に達した。貴州省、雲南省、広西チワン族自治区などではそれぞれ貧困人口が五百万人を超えていた。

中国民政省は二〇一六年十一月、詳細な調査の結果として留守児童の数を九百二万人と発表した。留守児童の数が五年余りで五千万人以上も減ったことになるが、これを見て貧困対策の成果が現れたとは喜べない。政府が留守児童の定義を「父母の片方が出稼ぎをしている十八歳未満の子」から「父母の両方が出稼ぎをしている十六歳未満の子」へと変更したことが減少の大きな理由とみられるからだ。このような「操作」の結果は、当局による「数字遊び」だという痛烈な批判を招くことになってしまった。

拒めない貧困地域からの移住

「二〇二〇年までに原則、ゼロにする」

二〇一六年三月に開かれた全国人民代表大会（全人代）で審議された五カ年計画においても、貧困層の削減が大きなテーマとなっていた。習指導部は共産党支配の正統性を国民に示すためにも貧困対策の成果を急いでいたが、中央で決めた政策を受け止める地方の人々の実情は厳しかった。

中国の貧困削減は、経済成長を追い風に進んできた。だが今後は、成長の恩恵が及んでこなかった層への対処が求められる。そこで、二〇一五年の政策策定の時点で七千万人余りとされた貧困層のうち、一千万人分を減らす「切り札」として注目されたのが、中国ならではともいえる「貧困地域からの移住」だった。

これは、生活や事業に適しない山間地域から集団で移転をし、貧困から脱出するという試みだった。移住の現場で何が起きているのか。全人代開会前の三月上旬、内陸部の青海省に向かった。

青海省の互助土族自治県。よく似たれんが塀が整然と並ぶ集落に立つ真新しい二階建ての家で、二十四歳の宋顕《ソンシエン》良《リアン》が顔を曇らせた。「経済的なプレッシャーはものすごい」

約二十キロ離れた山の中で暮らしていたが、宋が住む集落の住人は地元政府から移転を求められ、二年半前に引っ越した。六万元（約百五万円）相当の補助が出たが、土地の使用料や家の建築、内装などの十八万元は自己負担。親類らからの借金がまだ残っていた。

宋は両親と三人で暮らしていた。働いている飲食店の給料は一日に千数百円。父親は高齢で働けず、母親は食堂で清掃や皿洗いの仕事をしていた。

山では、土でできた家に住んでいた。水道はなく、使うのは雨水。畑でつくるジャガイモが収入源だった。山を下りたいま、生活は便利になり、収入も増えた。一万元余りだった家族の年収は二倍ほどになった。ただ、山での生活のほうが気楽だった。「働きに出なくても、農作業だけで少なくとも食べてはいけた。いくらでもあったジャガイモも、いまは買わなきゃいけない」

借金などで将来への不安は尽きないが、がんばって働くしかないと思い定めていた。

こうした移住は、山奥など生活環境が厳しかったり、産業の発展や農業に適さなかったりする土地に住む人が対象だから、これまでの現金収入は少ない。それだけに移住の自己

山あいの自宅前に立つ東国発さん（青海省互助土族自治県、金順姫撮影、朝日新聞社、2016年３月）

負担が重くのしかかる。

同じ互助土族自治県の山あいに住む六十歳の東国発《トンクオファー》は、地元政府から望まない移住を迫られていた。

畑でジャガイモや小麦、大豆をつくっていた。腰を痛め、肺を病む五十六歳の妻と二人で食べるのがやっとで、現金収入はほとんどない。最近、自宅を建て増したばかり。二万元の工事代は若いころからのなけなしの蓄えをはたいた。そこへ、ふもとに引っ越すよう当局に告げられたという。従わなければ水の供給や電気を止めると言われた。

親戚に頼んで三万元をかき集めた。移住先の家の骨組みまでつくったところでお金が尽きた。引っ越しても、元の畑以外に働くあてもない。「集団で移転すると決まった。私たちだけ残ることは無理だろう」と東は途方に暮れていた。

働く能力がないことなどから最後まで貧困を脱せない二千万人について、習指導部は生活保護で救う構えだ。だが、各地で「力業」で進める移住などの手段がつまずけば、その数も想定以上に膨らむ可能性がある。

農地から追われる農民

中国は土地の私有を認めておらず、農地は農民が「集団で所有する」と定められている。個々の農民はその使用権を与えられているだけで売買もできず、使用権も党や政府の都合で簡単に取り上げられてしまう。山西省で二〇一三年十一月、土地の強制収用で生活の糧を失った庶民のうめきを聞いた。

山西省の省都・太原市の中心部から約八キロ離れた王家峰村に住む六十二歳の呉保徳。八年前、村の幹部が勝手に開発業者と契約を交わし、わずかな補償金で農民を農地から追い出したというのだ。毎月千二百元（約二万円）の補助金では暮らしが成り立たず、出稼ぎに出た子どもの仕送りが頼りだった。呉は「生活のために農地を返してほしい」と訴えた。

公共事業で疲弊した地方政府の財政は、土地使用権の転売益などでは立ちゆかなくなっている事情がある。二〇一二年の統計によると、土地使用権の転売益は地方全体で約二・七兆元（約四十三兆円）に及び、税など本来の収入の四割を超えた。

不公平をただそうにも、地元政府は聞く耳を持たないか、それによって利益を得ている集団の抵抗に遭う。有無を言わせぬ移住や農地収用などの土地問題をめぐる図式は、中国共産党の直面する成長のゆがみを象徴していた。

かつて共産党は農村部での支持を固め、勢力を拡大して政権を取った。社会全体が貧しかった毛沢東の時代からの大転換を推し進めたのが、改革開放を先導した鄧小平だった。鄧は、みんなが一緒に豊かになるのではなく先行する地域はどんどん豊かになってもよい、豊かになった地域が経済成長に遅れた地域を助けるという「先富論」を唱えた。中国は計画経済から舵を切り、独特の「社会主義市場経済」のもと急速な経済発展を遂げた。

ところが、中国がいくら経済成長を続けても、豊かな者がますます富強になるばかりで、貧しい者は貧困から抜け出せない。そんな現実を突きつけられて、ついには「貧しくても平等だった」と、毛の時代を懐かしむ人たちが現れた。

毛は文化大革命を主導して多くの犠牲者を出すなどしたため、都市部では毛を手放しで賞賛する人々はそう多くはないと感じていた。経済発展を続ける中国で、どんな人たちが毛を崇拝しているのか。実際に様子を見てみたくなった。

毛沢東の生誕百二十年

二〇一三年十二月二十六日、中国は毛沢東の生誕百二十年を迎えた。その日に合わせ、毛の故郷の湖南省韶山《シャオシャン》を訪ねた。毛は一九七六年、八十二歳で死去している。

韶山は祝賀ムードに包まれていた。生家近くにある広場には、中国各地から多くの観光客や地元住民らが押し寄せ、毛の銅像の前で手を合わせたり、ひざまずいて地面に額をこすりつけたりする人もいた。二十六日午前零時過ぎ、銅像の前は集まった人たちでごった返し、近くでは花火が上がった。花火と爆竹の音が鳴り響くなか、「毛詣で」の人波は途切れることがなかった。毛をたたえるスローガンを書いた赤い旗や毛の肖像を掲げる姿も目立った。

重慶から広場を訪れた出稼ぎ労働者の四十二歳の男性は「いまの社会は腐敗や汚職がひどく、権利のない労働者は弱い立場に置かれている。毛主席は人民のために働いた。貧富の差が大きいいまとちがって、あの時代はみなが平等だった」と語った。河南省鄭州の旅

毛沢東の生誕120年を祝い、生家近くにある広場で毛の肖像と記念撮影する人たち（湖南省韶山市、金順姫撮影、朝日新聞社、2013年12月）

行会社社員の三十三歳の男性は「毛主席は軍事面でも経済面でも最強の人間だった。米国では約二百年かかった国造りを二十年余で成し遂げた」と言う。

共産党指導部は記念行事を開いて毛の功績をたたえた。習はこの日、北京の人民大会堂で行われた共産党の公式座談会で演説した。毛が文化大革命の時代に「重大な過ちを犯した」とした上で、「革命指導者は人であり、神ではない。神聖視すべきでないし、過ちがあったからといって、その功績を抹殺してもならない」と指摘。改革開放による中国の成長も、毛の時代の経験が礎《いしずえ》だと強調した。

党最高指導部の政治局常務委員会のメンバー七人が座談会に出席し、毛主席紀念堂も訪れた。ただ、規模や形式は胡錦濤政権時代の十年前の前例を踏襲し、祝典が華美になることを避けた。

中国国内ではいまも毛への評価が分かれており、習指導部も毛にどう相対するかに神経をとがらせていることがうかがえた。中国建国を指導した毛は中国共産党の正統性を体現する偉大な英雄であるが、一方で毛に権力が集中した結果、毛が主導して大増産をあおった「大躍進運動」の失敗や、その後の奪権を争う政治闘争「文化大革命」の大混乱を防げなかったという苦い経験と反省があった。毛の尊厳を傷つけることも、神聖化することもできないのが共産党政権だ。

毛をめぐるニュースが社会をにぎわせることもあった。

国営中央テレビの人気司会者、畢福剣《ビーフーチエン》（五十六歳）が私的な宴席で毛を批判している動画がインターネットに出回り、騒ぎになったのは二〇一五年四月のことだった。「全国の人民におわびすべきだ」などと非難が高まり、中央テレビは畢が出演する番組の放送を中止した。

畢はこの年、日本の紅白歌合戦にあたる春節（旧正月）恒例の番組でも司会を務め、知名度が高い。動画は四月六日に投稿されたとみられ、畢が京劇のフレーズに合わせ、毛について「我々を苦しめた」と述べる姿が映っていた。

九日夜、畢は中国版ツイッター「微博」で「社会に心からおわびする。教訓をくみ取り、自らを厳しく律する」と謝罪した。中央テレビは八日、「発言は重大な社会的影響を引き起こした。真剣に調査し、厳しく対処する」としていた。

私的な場での発言が暴かれたことに、ネット上では「食事を盗み撮りして投稿するなんて恐ろしい。文化大革命の時代のようだ」との声も上がった。

金ぴか毛沢東像の撤去

河南省開封の農村に建設されたばかりの黄金色の巨大な毛沢東像が、二〇一六年一月に入って突然取り壊された。共産党機関紙・人民日報系のサイト「人民網」によると、地元政府が手続きの不備を問題視した。いまでは評価が割れる毛だけに、崇拝の対象となる巨大像の建設が話題を呼んでいた。

中国メディアによると、毛沢東像は高さ三十六・六メートル。企業家や現地住民が資金を出し、約三百万元（約五千三百万円）をかけて造られた。二〇一五年三月に着工し、十二月におおむね完成していた。ネット上には「慈善事業に使うべきだ。ひどい無駄遣いだ」といった意見が書き込まれていた。

写真がネット上で出回り注目を集めていたが、人民網が一月八日に取り壊しを報道。地元政府が「登記や審査を経ておらず、既に取り壊した」と説明したと報じたが、なぜ九カ月間も建設が続けられたのかという疑問が残った。

毛沢東路線への回帰を唱えた薄熙来の末路

二十一世紀の中国で、毛沢東路線への回帰を唱え、毛時代を懐かしむ民衆の心理を巧みに利用して支持を集め、権力中枢の座を狙う人物が出てきた。その名は薄熙来《ボーシーライ》。重慶市のトップにして、中国共産党の最高指導部入りにあと一歩というところまで迫りながら失脚した。

革命歌を歌うキャンペーンを繰り広げ、企業家を捕まえて財産を没収するかたわら、貧しい層のための住宅建設など貧困対策に取り組んだ。薄の大衆動員型の手法は毛が発動した文化大革命を想起させたが、毛時代の平等さを懐かしみ、深刻な貧富の格差に不満を持つ人々の心をつかんだ。そして、共産党幹部の腐敗に怒りを抱く民衆からの喝采を勝ち取った。権力の階段を駆け上がる薄の勢いは止まらない。そう思われた矢先、世紀の大スキャンダルが起きた。

二〇一二年二月、重慶市の王立軍《ワンリーチュン》副市長が米総領事館に駆け込む事件が発生したのだ。その責任を負う形で翌三月、薄は重慶市共産党委員会書記を解任されて失脚した。その後、妻の谷開来《クーカイライ》が英国人実業家殺害の容疑で逮捕され、八月に殺人罪で執行猶予付きの死刑判決を受けた。薄は九月に腐敗や職権乱用を重ねていたとして党籍を剥奪され、立件された。

私は、山東省済南市で開かれる薄に対する一審と二審の裁判を取材することになった。公判が開かれた裁判所の前には、毛の肖像を持った支持者が現れた。毛と薄の両者を支持するという意志表示だった。

異例の公判ツイッター中継

二〇一三年八月二十二日朝、収賄や職権乱用、横領の罪で起訴された中国共産党の元重慶市委員会書記（元政治局員）、薄熙来（六十四歳）の初公判が、山東省済南市中級人民法院（地裁に相当）で始まった。薄は党当局の取り調べで罪状を認めたとされたが、「不当な圧力や誘導があり、状況を打開できないと考えた」「（当時の供述は）本心とちがった」と主張し、「状況証拠ばかりで、私の罪は証明できない」としてすべての罪を否認した。共産党指導部への対決姿勢は鮮明だった。

済南市は薄とゆかりのない土地だ。重慶市や遼寧省で幹部を務めた薄が地元当局者との関係を使って裁判に影響を及ぼすことや、地元の支持者らが集まる混乱を防ぐためとみられた。それまでも中国では高官の汚職事件などの裁判が、任地とは関係のない都市で開かれていた。

中国当局はこの裁判について、公判を開く日を事前に発表した。中国内外のメディアから記者二百人以上が法院周辺に詰めかけた。国営新華社通信は開廷したことを速報で配信した。済南市中級人民法院は、公判の模様を中国版ツイッター「微博」で刻々と中継する異例の対応をとり、薄の写真も配信した。近くのホテルには記者会見場も設置。法院報道官はこの日二度にわたって国内外の記者に公判内容を説明した。

共産党指導部は、公判で薄の腐敗や専横ぶりに焦点をあてる一方、裁判の公正さと透明性を誇示した。「法治」が徹底されていることをアピールする場にしようという狙いがうかがえた。

法院周辺では二十二日朝から厳しい警戒態勢が敷かれた。正門前に通じる道は一般の車と人の通行が止められ、正門の近くには数メートルおきに警察官が並んで警備にあたった。毛時代への回帰を訴える薄の支持者たちも駆けつけた。毛の肖像をプリントしたTシャツを着た男性は「この裁判は公正ではない」と語った。中国メディア関係者によると、百人以上の支持者グループが集まった。

人だかりの中から毛の肖像が掲げられた。毛は貧富の格差の少なかった改革開放以前の時代のシンボルであり、支持者たちは薄がその継承者だと考えるからだ。北京から訪れた会社経営の男性（四十一歳）は「重慶で実績をあげた薄元書記の方が（現在の指導部よりも）指導者にふさわしい」と訴えた。薄は重慶市で、農村部の住民や低所得層を優遇する政策を行った。庶民からの人気はなお根強かった。

市価の六割程度の家賃で入居できる公共住宅に暮らす機械工の男性（二十二歳）は「薄元書記は庶民のために仕事をした。汚職をしているのはほかの官僚だって一緒じゃないか」。

こうした思いは、保守派の知識人や党内の一部勢力にも残っていた。薄が刑事訴追されたのは、その政治路線が改革開放を支持する共産党内の既得権益集団を脅かしたからだとする見方があった。共産党指導部が恐れるのは、薄の裁判が路線対立を刺激して党内の亀裂をさらけ出すことだった。その年の秋には党中央委員会第三回全体会議（三中全会）も控えていた。

この裁判については「薄元書記は罪状を認め、判決は無期懲役から懲役十五年程度に落ち着く」と、無難な幕引きを予想する声が広がっていた。しかし、フタを開けてみると、薄は取り調べ段階の供述をひるがえし、検察と全面的に争う姿勢をあらわにした。「演出では」との臆測も出る一方、ネット上では薄の否認をたたえる声も出た。

初公判が始まった時点では、事件の着地点はまったく見えなかった。公判は二日間程度という事前の見方が多かったが、審理は土日を含む連続五日間に及んだ。

当局の思惑に左右される裁判公開

済南市中級人民法院は公判二日目の八月二十三日、前日に続き法廷のやりとりを微博で詳しく配信した。

法院の微博のフォロワーは二十三日夕、約四十二万人に達した。法廷での証言を文字にした長文ファイルは約二十本。妻の谷開来の約十一分の証言映像や、贈賄側の証言音声も公開された。中国の司法に詳しい関係者によると、中国当局は薄の初公判に向け、こうした微博での中継について周到に準備を進めてきた。河北省高級人民法院で二カ月ほど前に開かれた殺人事件の公判で「予行演習」も実施していたという。

この公判の五日前に法院が微博のアカウントを新規に開設。記者や学者ら二百人強が傍聴したこと、被告人側が減刑を求めたことなど、法廷の様子を次々と文字情報で更新していた。一方で、二十三日の共産党機関紙・人民日報は、薄の公判について、四ページ目で「公判が開かれた」と小さな扱いで報道しただけだった。

裁判の情報公開といっても、何をどのように公開するかは常に当局のその時々の思惑に左右される。収賄罪などに問われた陳良宇《チエンリアンユイ》・元上海市党委書記（元政治局員）の二〇〇八年の初公判はほとんど報じられなかった。一九八〇年、文化大革命の主要な責任者とされた江青《チアンチン》（毛沢東の妻）ら「四人組」が、党や国家の指導者に対する迫害などを理由に最高人民法院特別法廷で裁判にかけられた時の模様は映像で公開された。事件や裁判の存在自体を派手に宣伝したくない場合がある一方、被告人への断罪ぶりをアピールしたいケースもあるのだろう。

公開された情報は信頼できるのか、疑問を抱かざるを得ない場面もあった。公判五日目、最終日の八月二十六日、いったん微博で公開された法廷でのやりとりの一部が削除され、ファイルが取り換えられたのだ。王立軍の動静をめぐる虚偽発表があった問題で、検察側が「薄熙来が上の指示に従ったと再び強調した」と説明する部分だった。党政治局員だった薄より上にいるのは、当時九人の最高指導部・党政治局常務委員だけだ。その関与を示唆する内容だったために削除されたのではないかと考えられる状況だった。

異例ずくめの五日間だった。薄の口からは驚きの発言が次々と飛び出した。米総領事館に駆け込んだ王が薄の妻に恋愛感情を抱いていたと述べるなど、ドラマさながらの内容だった。

翌月十八日、済南市中級人民法院は微博で、四日後の二十二日に薄への判決を言い渡すことを明らかにした。

薄熙来に無期懲役の判決

二〇一三年九月二十二日。薄が収賄と横領、職権乱用の罪に問われた裁判の判決公判が済南市中級人民法院で開かれた。法院は薄に無期懲役と政治的権利の終身剥奪、全財産没収の判決を言い渡した。

中国では裁判所も共産党の指導下にあり、高官の裁判では党指導部の意向が判決に反映される。党指導部の政治局員でもあった薄に対する無期懲役という判決には、習指導部が反腐敗や「法治」の強い姿勢を示し、政権の求心力を高める狙いが込められていた。

裁判長は判決で、「事実は明らかであり、証拠は確実で十分だ」と述べた。判決は、二千四十四万元（約三億三千万円）の収賄罪と五百万元（約八千万円）の横領罪を認定。妻による英国人実業家殺害事件の捜査を妨げ、元側近の王の米総領事館駆け込み事件で虚偽の発表をした職権乱用罪も成立するとした。薄の行為が米総領事館駆け込み事件などの「重要な原因」になったと指摘し、「特別に悪質な社会的影響を作り出し、国家と人民の利益に重大な損失を与えた」と断じた。

中国で政治局員経験者が刑事責任を問われるのは、収賄罪などで二〇〇八年に懲役十八年の判決を受けた陳良宇・元上海市党委書記以来だった。薄は初公判から五日間続いた審理で、捜査段階の供述をひるがえしすべての罪状を否認、検察と争う姿勢を貫いたことで量刑が重くなった可能性が指摘された。

判決が出た二十二日は日曜日だったが、中国では中秋節の三連休が明けた振り替え出勤日だった。法院は八月下旬の審理中と同様、法廷内のやりとりを微博で中継し、裁判の透明性をアピールするのに余念がなかった。

指導部による反腐敗キャンペーン

十月二十五日には薄への二審判決が出た。山東省高級人民法院（高裁に相当）で開かれた判決公判で、法院は無期懲役とした一審判決を支持し、薄の上訴を棄却した。中国は二審制で判決は確定。一審に続き、習指導部の反腐敗への強い姿勢を印象づけた。翌月に開く共産党中央委員会第三回全体会議を前に、党を大きく揺るがした一連の事件に区切りをつけ、政権運営の最初のハードルを越えた。元政治局員という大物政治家の否認事件にもかかわらず、一審判決から約一カ月で二審判決を出すというスピード処理だった。

判決は上訴棄却の理由について「一審判決が認定した事実は明らかだ。証拠は確実で十分であり、量刑も妥当だ」とした。薄は上訴にあたって十一項目の理由を挙げたが、法院はすべて退けた。

傍聴した関係者によると、薄は裁判長が判決文を読み上げている途中で、「これは事実ではない。誤審だ」と叫んだという。国営中央テレビの映像では、黒いジャンパー姿で出廷した薄は笑みを浮かべていた。判決文によると、薄はその時点で、大物政治犯らが収監される北京市郊外の「秦城監獄」に拘置されていた。

党中枢の政治局員の地位にあった薄は、重慶で貧富の格差是正や「紅歌」（革命歌）を歌おう」という政治キャンペーンを展開。毛沢東時代を懐かしむ庶民や左派（保守派）に広がった支持は厚かった。共産党政権の路線に挑むような政治手法は、党内に深刻な動揺と分裂を生んだ。裁判を混乱なく終わらせることは、習指導部が政権基盤を固める上で最初の関門だった。

勢いづいた習指導部は、「トラもハエも叩く」（大物幹部も下級役人も取り締まる）をスローガンに反腐敗キャンペーンにひた走る。胡錦濤政権の最高指導部・党政治局常務委員（序列九位）の周永康が、収賄や国家機密漏洩罪などで無期懲役の実刑判決を受けたほか、胡政権の中枢にいた党や軍の大物幹部らも相次いで刑事訴追されている。反腐敗の取り組みは成果を上げ、国民からも大きな支持を集めた。

反腐敗と脱貧困は、習指導部が求心力を高めるための車の両輪ともいえる政策だ。だが現段階では、政敵を打ちのめすための手段にもなっていると指摘される反腐敗の勢いがまさる。反腐敗という「劇薬」頼みの国民の支持はいずれ底をつきはしないか。この国で広がり続ける貧富の格差をなくさない限り、革命歌に乗って政権に反旗をひるがえす第二の薄熙来が出現しないとは言い切れない。

【取材余話】葬儀でのストリップ禁止!?

葬儀でのストリップショーは許しません――。中国文化省は二〇一五年四月、農村部などで見られるみだらな演出が社会に悪影響を与えているとして、警察と連携して厳しく取り締まる方針を明らかにした。葬儀の場でのストリップとされる映像がネット上でも出回っており、当局が放置できないと判断した模様だ。

文化省によると、河北省で二〇一五年二月十五日の夜、ある老人の葬儀に「紅バラ歌舞団」と称するグループが登場。二時間半にわたる公演の最後にストリップを披露した。当局が調査に乗り出し、歌舞団の責任者は十五日間の行政拘留処分を受けた。江蘇省でも同じく二月、葬儀で「ストリップなどのみだらな公演」をした集団が摘発されたという。

葬儀で参列者が集まらなければ、死者や遺族のメンツが立たないとの考え方が背景にあるとみられる。

葬儀でのストリップの発祥などは不明だが、国営中央テレビは二〇〇六年にも「文化的な生活をけがす」として問題を取り上げていた。番組では、江蘇省連雲港市でストリップを手がける複数の集団が見られ、一公演の収入は二千元（約三万八千円）を超えると伝えていた。

第5章

前進する同性愛者と女性活動家たち

――揺らぐ伝統的価値観

孫文麟さん（右）と胡明亮さんの結婚式。同性婚をめぐる中国初の裁判の原告となった男性カップルだ（湖南省長沙市、金順姫撮影、朝日新聞社、2016年5月）

当局を訴えた男性カップル

スーツに蝶ネクタイ姿の男性二人がしっかりと手をつなぎ、歩いて舞台上に登場した。抱き合ってキスをすると、若者らで埋まった客席から写真を撮ろうと一斉にスマホが向けられた。

二〇一六年五月十七日、湖南省の省都・長沙である結婚式が開かれた。主役は、長沙に住む二十七歳の孫文麟《スンウエンリン》と、三十六歳の胡明亮《フーミンリアン》。「同性婚を認めるよう当局を相手に訴えた中国初の裁判」の原告となった男性カップルだ。

この日は、同性愛への嫌悪に反対する「国際反ホモフォビアの日」。中国各地から駆けつけた男女が、性の多様性を象徴するレインボーカラーの小旗を振って祝福した。その多くは自身も同性愛者だ。孫は客席の仲間たちを前に、「全世界に中国にも同性愛が存在することを知ってほしい」と訴えかけた。会場は幸せな雰囲気に包まれた。二人は式後も多くの来場者から話しかけられ、記念写真をせがまれた。さながら映画の主人公のような扱いで、多くの若い世代の希望となっていることが見て取れた。

長沙に住む同性愛者の男子大学生（二十歳）は、孫らと面識はなかったが結婚式に駆けつけた。「権利を勝ち取るために立ち上がり、結婚式も挙げた彼らにに頭が下がる。本当に勇気のある行動だ」と二人をたたえた。「僕も本当の愛を見つけられたら、相手と結婚して式も挙げたい。今日は本当に感動した」。隣にいた男性（二十三歳）も「彼らの裁判に注目してきた。結婚式はとてもロマンチックだった」と話した。

結婚式には多くの中国メディアが取材に来ていた。私も記者たちにまじって二人を見守りながら落ち着かなかった。警察や当局者が踏み込んできて、結婚式のじゃまをしたり解散させたりするのではないかという一抹の不安があったからだ。その不安を吹き飛ばすかのように揺れる虹色の旗と、取材を続けてきた孫と胡のうれしそうな笑顔を見て、私もあたたかい気持ちになった。

「彼と出会って変わった」

長沙は内陸部の大都市だ。二〇一六年一月、待ち合わせたホテルのロビーにパーカを着て現れた細身の男性は、人なつこい笑みを浮かべた。それが孫だった。いまどきの若者という印象だ。「こんにちは」「よろしくお願いします」。日本語の簡単な単語を時折まじえ、はにかんだような表情を見せる。

当時はＩＴ関係の会社の社員。同性婚を役所で拒まれ、裁判を起こしたことが中国メディアで報道され、注目されている渦中の人物だった。

茶館に場所を移して話を聞いた。孫は自身の来し方や思いを淡々と、よどみなく語り続けた。

五歳の時に両親は離婚し、祖父母に厳しくしつけられた。勉強がよくでき、作文が上手な少年だったという。しかし、進学した中学にはなじめず、けんかを繰り返した。自分が同性愛者だと意識し始めたのは、中学に入る少し前。ネットで見た医学の知識を紹介するサイトで、男性の体に興味を持つ自分に気づいた。男性と女性の裸の写真を見たが女性には何の感慨もわかず、関心が向いたのは男性だった。

「僕はゲイなんだ」

十四歳のころ、三歳年上の女性のいとこに打ち明けた。高校生になり、両親にも話した。母親は「子どもは奇をてらったことを言うもの」と真剣に受け止めなかった。

中国社会にはまだ、同性愛の存在を公に認めるような雰囲気はない。孫の両親も、男性は女性と結婚して子を持つことが幸せ、という伝統的な価値観を信じて育った世代だ。

「誰も自分の気持ちをわかってくれない」。孫は心を閉ざし、一人で本を読むことを好んだ。

大学に進み、何人かの男性と付き合った。性的な関係も持った。ただ、相手に深い感情を抱くことはなかった。

当時を振り返り、孫は日本語で「どくしんしゅぎ（独身主義）」と表現した。誰とも一緒に生きていくつもりはなかった。日本語は独学。アニメなどで日本語の響きが気に入り、大学一年生のころに一日で五十音を暗記したという。

二〇一四年六月、ネットを介して警備員の仕事をしている胡と知り合った。運命的な出会いだった。その日から同居を始めると、孫は自分自身のことをまったく理解していなかったことに気づく。

「外に心を閉ざしていた。でも彼と出会って変わった。けんかをしても許し合える。自分も人といたわり合えることを知った」

結婚したい。そう思ったのは自然な流れだった。二〇一五年六月二十三日、地元の民政局を手続きのため訪れた。交際から一年の記念日だった。

敗訴してもあきらめず

「この人がボーイフレンド。僕は彼と結婚します」

担当する窓口の職員からは当然のように手続きを拒否された。「だめだ。男性は女性としか結婚できない」。何を言っても、そう繰り返された。中国の婚姻法には「一夫一妻、男女平等の婚姻制度を実施する」などの文言があり、基本的には男女の婚姻が前提だと理解されている。

なぜ同性間の結婚はできないのか——。孫たちは、自分たちの同性婚の手続きをするよう裁判所から民政局に命じてほしいと、二〇一五年十二月に提訴した。二人にとって「当然の権利の要求」にほかならなかった。

最初に頼んだ弁護士は、事務所の同意が得られず代理人になってもらえなかった。だが、二人目の弁護士は「弁護士は誰に対しても平等だ。どんな性的指向の持ち主であろうと、弁護士をつける権利はある」と、引き受けてくれた。

地元の裁判所が孫たちの訴えを受理したのは翌年一月。同月下旬の開廷の日時も決まった。中国初の裁判に注目が集まったが、裁判所は予定日の二日前になって、期日の延期を通告してきた。

裁判のことを知り、長年会っていなかった友人たちから「がんばれ」とメッセージが届いた。裁判のため勤務先に四日間の休みを願い出ると、上司からも返信が来た。「全力で君を支持する。行っておいで」

中国では、急速な経済発展や国家の枠を超えた情報化を受けて、伝統的な価値観が揺らいでいるように見える。多様性を認める柔軟な考え方の人々も増えている。孫たちには、国外だけでなく中国メディアからも取材の申し入れが相次いだ。

孫は一審の裁判で敗訴しても、上訴すると決めていた。周囲の応援にも手応えを感じた。

「これはもう、僕たち二人だけの問題ではないんだ」

孫は提訴について「僕たちを勇敢だと言う人がいるけど、そうは思わない。当たり前の要求をしただけ」と語り、気負いを感じさせなかった。もちろん内面には様々な思いが去来していたにちがいないが、共産党の決定が優先される独特の政治体制のもとでも軽やかに自己実現を図ろうとする若者の姿に、私は中国社会の変化を感じずにはいられなかった。

長沙の裁判所は二〇一六年四月、孫たちの訴えを退けた。「一夫一妻、男女平等の婚姻制度を実施する」との文言がある婚姻法などが、結婚を男女間のものと明確に規定しており、「男性二人による結婚は法規に合致しない」と判断した。続く六月の上訴審でも判断は覆らなかった。中国は二審制で、敗訴が決まった。

それでも孫は「男女間にしか結婚が認められないという論理は誤り。裁判には負けたが、これからも同性愛者の権利を主張していきたい」と意気盛んだった。
孫は願うのだ。「同性愛という呼び方が最終的にはなくなればいい」

人口の四パーセントが同性愛者

孫と胡の結婚式を、多くの中国メディアが取材した。提訴の時から、取材が当局に遮られている様子はなかった。いまのところ、同性愛者に当局が表だって圧力を加える動きは見えない。

ただ、だからといって中国政府が同性愛者の権利擁護に積極的なわけではない。当局が何よりも大事にする「秩序」を乱す動きには厳しい目が注がれる。それは人権活動家や宗教関係者にとどまらないため、同性愛者の今後が安泰だとは限らないだろう。

私が上海支局に赴任して半年が経ったころ、同性愛者たちの多難が続くのかと心配になった出来事があった。二〇一三年五月十七日、長沙で同性愛への差別をなくしてほしいと訴えるパレードがあり、北京や広東省、香港などから男女約百人が参加した。警察は翌日、パレードは当局の許可を得ていなかったとして、企画した十九歳の湖南省の男性を十二日間の行政拘留処分にした。地元メディアによると、当局側はあくまでパレードが無許可だったことに対する処分であり、「活動の内容とは関係がない」と説明したが、同性愛者を標的にしたのではないかという受け止めが広がった。

孫と胡の裁判が二審まですみやかに開かれたのにも、意外な感じがしたのが正直な印象だった。なんだかんだと理由をつけて審理をしないことは、中国ではよくある話だ。同性婚を認めるにせよ認めないにせよ、判決を出せばどうしても注目を集めてしまうが、裁判所は淡々と案件を処理したように見えた。

同性愛の研究で著名な学者、李銀河（六十四歳）は、中国の人口の四パーセントが同性愛者だと推計する。人口約十三億七千万人で計算すると、約五千五百万人が同性愛者ということになる。中国の同性愛者たちは長い間、根強い差別や偏見、プレッシャーにさらされてきた。一九九七年に刑法が改正されるまでは、取り締まりの対象だった。同性愛の存在が社会でオープンに語られない中で、同性愛者である自覚がないまま人生を送る人たちもいた。

二度の出産と離婚を経て

遼寧省大連市に住む四十二歳の宋歌《ソンコー》が自身の同性愛に気づいたのは、出産と離婚を二度ずつ経た後だった。二〇〇八年に同性のパートナーに出会うまで、同性愛に思い至らなかった。パートナーは四十歳の姜小妹《チアンシアオメイ》だ。

一人目の夫からは家庭内暴力（DV）に遭った。二人目の夫は、宋の行動に事細かに干渉した。うまくいかなかったのは、いい男性とめぐり合えなかったからか。そんなふうに考えていた。

「同性愛が何かを知らず、自分自身のことに気づけなかった。私たちが子どものころは何の情報もなかったから。同性愛について堂々と語れるいまの若い世代がうらやましい」

二十二歳の息子と十五歳の娘は宋のことを理解し、姜とも仲がいい。二人は思うのだ。中国の同性愛者の状況はよくなっている。どんどん生きやすくなっている、と。

人が人を愛するのに、法律や政治制度は関係ない。人権や言論の制限がみられる中国でも、愛情に突き動かされた人々は従来の家族観にしばられることなく新たな一歩を踏み出している。

孫を抱きたい親の葛藤

一人っ子を大切に育ててきた親の世代は、想像もしなかった子どもたちの生き方に戸惑い、もがいていた。

二〇一六年一月、私は河北省邯鄲に向かった。人生の浮き沈みは夢のように儚いという「邯鄲《かんたん》の夢」の故事ゆかりの地。同性愛者の一人息子を持つ四十八歳の銀行員、王麗晶《ワンリーチン》に会うためだ。

待ち合わせ場所のカフェで落ち合うと、王は話し始めた。

十年前の十月の夜。十五歳だった息子に、自分たち夫婦の離婚を切り出した。息子は取り乱すこともなく、冷静に受け止めてくれた。ほっとしていると、今度は息子が笑顔でしゃべり出した。「僕も話したいことがあるんだけど」。息子の告白に言葉を失った。「僕は同性愛者なんだ」。自分の息子が同性愛？　王は当時の状態を「心が崩壊した」と表現した。

「同性愛でも異性愛でも、ママのあなたへの愛は変わらない」。やっとそう告げたあと、絶対に誰にも言わないようにと念を押した。

一晩中眠れず、答えの出ない問いを繰り返した。同性愛になった理由は一体何なのか？　自分の個性が強すぎたのか。自分たちの結婚生活、夫婦の不和が影響したのだろうか。一週間、仕事を休んだ。あとからあとからあふれ出る涙が止まらなかった。

いずれは息子夫婦と孫と一緒に楽しく過ごす。そんな固定観念を持ち、楽しみにしていた。「息子が嫁をもらうのは、あまりにも当たり前だった。息子が結婚しない。それはどうしても受け入れられないことだった」。一人っ子の息子が結婚しなければ、孫を抱くこともできない。将来に何の希望もないと思い詰めた。

離婚したばかりの夫は言った。「この子はまだ小さい。きっと変えられる」。王は「同性愛を異常なことだと誤解し、病気のように治すことを考えていた」と振り返る。

家庭でよい雰囲気をつくれば、息子の同性愛は治るんじゃないか。父親の愛が足りないことが問題かもしれない。ぐるぐると解決策を考え続け、籍は入れなかったが、子どものために夫と夫婦の形に戻ることにした。

家の中で同性愛の話題は封印した。話すほど、同性愛の「症状」がひどくなるような気がして怖かった。

王が再び息子の同性愛の事実と向き合った時、息子は二十歳になっていた。自分が同性愛者であることを家族以外にも伝えていると知り、動揺した。夫も取り乱し、夫婦げんかの末に家を出て行った。息子のために必死でつくり直した「家族」は終わりを迎えた。

受け入れた息子の「愛の形」

王は銀行員の父と国営企業で働く母の間に生まれた。経済的に何不自由なく育ち、短大卒業後、銀行に入り、結婚し、出産した。息子が子どもを持たないまま、孤独な老後を迎えることは想像できなかった。

周りに同性愛の人は見当たらない。すがるようにネットで同性愛の情報を探した。たどり着いたのは、自分と似た境遇の母親が書いたブログだった。同じ事情を抱える家庭がこんなにたくさんあったのか。三日三晩、読んでは泣いた。その母親に電話をかけて思いをぶちまけた。「息子の同性愛をなんとか治そうとしたこれまでの努力は、まったく間違っていた」。現実からは逃げられない。ありのままの息子を受け入れようと決めた。

ネット上でチャットのアカウントを公開すると、同性愛にまつわる悩みを抱える本人や親が続々とグループに入ってきた。銀行の仕事が終わり、家に帰ってからはずっとチャット。睡眠時間を削って対話を続けた。親にどう接するべきか、若者の相談に乗って夜を明かすこともあった。互いに悩みを打ち明けながら、自らの不安な気持ちを抑え込もうとする部分もあった。

そうしながらもまだ、息子に結婚してほしいとの思いは続いた。孫を抱きたい。その願いは捨てきれなかった。大学生の息子と公園の湖に出かけた。一緒にボートに乗った時、「あなたの同性愛は理解する。でも、女性と結婚して子どもは持ってほしい」と告げた。形式上だけ結婚して、相手の女性に子どもを産んでほしいと思っていた。

息子はきっぱりと断った。「女性を一人傷つけるだけだ。結婚しても幸せになれない」。反論できなかった。

息子は塾講師をしながら男性のパートナーと上海で暮らしていた。王はもう、女性との結婚は望んでいない。でも、養子か代理出産で子を持つことはできないものかと考えてもみる。

王のネット上の対話の相手は増え続け、六百人を超えていた。自分の子どもが同性愛者と知って動揺した親たちは、王と話をすると落ち着きを取り戻すという。悩みながらも、同性をパートナーに選ぶという息子の愛の形を受け入れた王の経験に耳を傾ける。経験を語り聞かせることで、自分ほど長い時間をかけることなく子どもの同性愛を受け止めていく様子がわかった。

王はまだ、自身が伝統的な家族観から完全に自由になれたわけではないと感じている。

「息子に同性愛を打ち明けられた十年前から、社会の意識は明らかに変わった。同性愛の子を持つ親たちも、迷いながら変化していくのだと思う」

同性婚をめぐっては米国の連邦最高裁が二〇一五年、すべての州で同性婚を認める判決を言い渡した。日本では同性婚は認められていないが、東京都渋谷区などで同性カップルを公的に「パートナー」と証明する制度が始まっている。

私が中国で出会った若い世代の少なくない同性愛者たちは、こうした海外の動向にも詳しかった。海外での仲間たちの活躍や権利の獲得に勇気づけられていた。結婚式を挙げた孫文麟も、米連邦最高裁の判決に当時から並々ならぬ関心を向けていたという。

二〇一七年五月二十四日には、台湾の憲法解釈を行う司法院大法官会議（憲法裁判所に相当）が画期的な判断を下した。同性婚を認めない民法は「憲法で保障された婚姻の自由と平等の趣旨に違反する」として、同性婚が可能になるよう二年以内の法改正や立法措置を求め、期間内に実現しなくても婚姻登録ができるとの解釈を示した。同性婚が合法化すればアジア初といわれている。中国の同性愛者たちも同じ中華圏での「快挙」に希望の虹を見たにちがいない。

中国の同性愛者とその家族は偏見に悩まされてきた。それゆえに、といえるのかもしれないが、家族のあり方について深く考え、社会の変化を鋭敏に感じ取っているように見えた。これからの中国社会は、さらにどう変化していくのだろうか。一人ひとりの愛と幸せの育み方があっていい。

「公務員になるのに、婦人科検診はいらない」

中国の女性活動家、李婷婷《リーティンティン》（二十五歳）が二〇一五年七月二日、パートナーの女性（二十七歳）と北京で結婚式を挙げた。同性婚を認めた米連邦最高裁の判決に後押しされた。若い世代を中心とした、男女の不平等や性的少数者（ＬＧＢＴ）への差別に反対する運動のリーダー的存在の李は「結婚式を通して、中国でも同性婚の合法化が実現するよう訴えたかった」と語った。

ここからは、当局からの妨害に遭いながらも、同性愛者や女性たちの当然の権利を求めて立ち上がった李と仲間たちを取り上げる。

「公務員になるのに、婦人科検診はいらない」

「月経と公務員に何の関係があるの」

こんなプラカードを掲げた若い女性たちの姿が目を引いた。二〇一二年十一月。中国の国家公務員試験で女性受験者に課される婦人科検診に対し、湖北省武漢の女子大学生らが反対の声を上げた。

国家公務員の採用にあたっては、女性に対し初潮の年齢のほか、月経の周期や腹痛の有無などを尋ね、既婚者と未婚者のそれぞれに検査項目を定めていた。これには識者からも「男女差別の疑いがある」との指摘が出た。男性には生殖器検査があった。

中国メディアによると、全国一斉の筆記試験があった翌日の十一月二十六日、大学生十人余りが武漢の省の政府庁舎前でプラカードなどを掲げた。二十八日には、そのうちの中心メンバーが省に公開質問状を提出。婦人科検診によって不合格になった人数や検査の目的、プライバシー保護の措置などについてただした。省の担当者は中国紙の取材に対し、「十五日以内に答える」としつつ、「国の規定に従っている。我々が決めたのではない」と困惑した様子だった。

社会の秩序維持を理由に集会などを取り締まる中国では、街頭で制度の改善を求めて声を上げるのは勇気ある行動だ。中国での興味深い動きを日本でも知ってもらいたいと思い、インパクトのある写真とともに記事にして紙面で取り上げた。

セクハラ・痴漢防止を訴えようとして拘束

それ以降も若い女性たちの活動がたびたび目にとまった。女性への差別に反対し、男女平等を実現しようとユニークな活動を展開していた。人権の制限が多い社会を変えられるかもしれないと感じさせる力強さと勢いがあった。ただ、取材を続けながらちょっと心配にもなっていた。悲観的だろうか。杞憂であればいいが。そう思いながら、二〇一三年三月にこんなコラムを紙面に書いた。

《特派員メモ　「決起後」もまっすぐ

若い女性たちの「決起後」が気になり、連絡を取った。

国家公務員試験で課される婦人科検診について「公務員になることと何の関係があるのか」と反対し、湖北省で昨年十一月に抗議行動をした大学生と卒業生らだ。公開質問状に対する省からの回答は「我々が取り扱う範囲の問題ではない」。全国的な問題なので、地方の一都市では取り合ってもらえなかったようだ。

中心メンバーの一人はめげずに、応募資格を「男性のみ」とした企業を告発する手紙を公的機関などに送る活動にも加わった。こちらは広州に住む鄭楚然《チョンチューラン》さん（二十三歳）の発案。送った手紙は約五百五十通。三割から反応があったがほとんどが門前払いの内容だった。一方、就職情報サイトから男性だけを募る表現が減るなど、成果もあった。

鄭さんは「誰かが声を上げなければ、政府も動き出すきっかけがつかめない。協力する私たちと政府はウィンウィンの関係だ」と語る。

じゃまされなければいいけれど。「秩序を乱した」と言いがちな中国当局のこと、楽観はできない。まっすぐな彼女たちの思いを受け止める社会であってほしい。》

杞憂ではなかったことが、のちに明らかになる。

二〇一五年三月八日の「国際女性デー」に合わせてセクハラ防止などを訴えようとした二十〜三十代の女性活動家五人が、直前に各地で一斉に拘束された。暗然とした。連行されたのは鄭や李たちだった。穏健な活動に対する公安当局の強硬姿勢は、習近平指導部の市民運動に対する警戒感の表れと受け止められ、国際社会からも非難の声が高まった。

男性用トイレを占拠して女性用の公衆トイレが足りないとアピールするなど、発想力とパフォーマンスにたけた彼女たちの活動は、それまで中国メディアに取り上げられる機会も少なくなかった。この時もセクハラや痴漢の防止を呼びかけるつもりだっただけで、政治的な主張を掲げたわけではない。

拘束された女性五人は、男女の権利平等などを求め、北京、浙江省杭州、広東省広州を拠点に活動してきた。女性たちは「痴漢をなくして、みんな安全に」「セクハラを捕まえろ、走れ警察」といったスローガンを書いたステッカーを公共交通機関の乗客に配ることを計画。ステッカーを乗客に配ってくれる有志をネットで募ったが、実行する直前の三月六〜七日に連行された。故意に騒動を引き起こす「騒動挑発」の容疑だった。

中国では近年、女性の権利を擁護し、性別による不平等をただす運動が若い世代を中心に広がっている。当局はこうした市民運動が社会の安定を脅かす大きなうねりを呼ぶことを恐れたとみられる。

中国当局の手法には、国際社会からも強い反発の声が上がっていた。米国や欧州連合（EU）は早期釈放を求め、韓国などの中国大使館前では市民団体による抗議活動も起きた。米国のケリー国務長官は四月十日、「世界中で女性たちを苦しめているセクシュアルハ

中国当局に拘束された５人の女性活動家の釈放を訴える支持者たち（香港、ロイター／アフロ、2015年４月）

ラスメントや多くの不当な行為に対し、誰もが声を上げる権利がある。我々はこうした困難な課題を進展させようとする努力を強く支持する」との声明を発表した。ヒラリー・クリントン元国務長官は自身のツイッターで「許せない」と批判した。

各国からの非難に対し、中国政府は「どの国の誰であろうが、中国に釈放を要求する権利はない」（外務省報道官）と反発をあらわにした。

釈放は条件付き

五人は一カ月以上の拘束の末、四月に釈放された。釈放は条件付きで、一年間は当局の監視を受け、活動も制限された。担当弁護士の一人は「警察の捜査の過程で犯罪の証拠が何も出てこなかったため、検察当局が逮捕を許可しなかった。国際社会の関心が高まったことも、釈放を促す圧力になった」と説明してくれた。

五人のうちの一人、李婷婷がのちに拘束時の様子を語った。

「中にいるのはわかってるんだ。早く出てこい」

二〇一五年三月六日午後十時半ごろ。北京のアパート四階にある李の自宅ドアをノックする音がした後、携帯電話にショートメッセージが届いた。外からこじ開けようとする気配を察し、ドアを開けた。制服と私服の十人近い警察官らが立っていた。

理由を告げられぬまま連行され、派出所に着いたあと騒動挑発の容疑を知らされた。すぐ解放されると思ったが、それは一ヵ月以上続く拘束の始まりだった。

取り調べは屈辱的だった。たばこの煙を顔に吹きかけられた。親不孝だとなじられた。手錠をかけられたままのしられたり、夜眠らせてくれなかったりすることもあった。

心配された正式逮捕には至らず、四月十三日に釈放された。「取保候審《チュイバオホウシエン》」と呼ばれる条件付きの釈放だった。

北京で生まれた李は、幼いころから活発な少女だった。陝西省西安の大学に進学し、女性の権利をめぐる問題に取り組んだ。卒業後は「公益のために働きたい」と、人権NGO「北京益仁平《イーレンピン》センター」のスタッフになった。

同センターに入ってからも、家庭内暴力や性的少数者への差別などに反対する運動を続けてきた。見た目はどこにでもいる若者。仲間とユニークなイベントを仕掛けるなど、行動力は抜群だが、反体制的な活動をしたのではない。

なぜ、そんな李が狙われたのか。そこには共産党政権のNGOに対する強い警戒感が見え隠れする。

執拗な監視の目

李が拘束された時、各地で女性約十人が連行されていたが、NGOと関係がある李ら五人だけ拘束が続いた。警察は釈放後、李に北京益仁平センターから離れるよう求めた。

一方、北京市公安当局は三月二十四日、同センターの家宅捜索に踏み切った。北京西駅に近い雑居ビルに入る事務所は、六月になっても固く扉を閉じていた。関係者によると、当局はオフィスにあったパソコンや資料などを押収。捜索の狙いや結果は知らされておらず、十数人いた専属スタッフは、息を潜めるように事態の行方を見守っていた。

伏線はあった。前年の二〇一四年五月以降、同センターと連帯関係にあった河南省のNGO「鄭州億人平《イーレンピン》」の幹部が地元公安局に連行され、事務所も家宅捜索されていた。容疑は海外の資金を受け取り、不法な運営をしていたというものだった。

二〇〇六年に発足した北京益仁平センターはB型肝炎やHIV感染者などへの差別反対を皮切りに、食品の安全問題や出稼ぎ労働者の子らへの教育差別問題などに取り組み、人権活動を志す人たちの拠点になっていた。

共産党体制への直接的な批判には踏み込んでいないが、関係者によると、資金源に米国の政府系基金会を含む複数の海外団体が含まれていたことに、当局は強い関心を示し始めていた。


当局の執拗な監視の目は、李のあとに続く女性たちにも及んだ。

二〇一六年三月、中国版ツイッター「微博」のあるアカウントが無効にされ、使えなくなった。アカウント名は「女権行動派はますますおいしい」。「有害な情報」の発信などが理由とされた。

女性の権利擁護を訴えてこのアカウントを管理していた広州の二十三歳の女性は「はっきりした理由はわからない」と言う。ただ、広州の地下鉄駅で三月八日の「国際女性デー」に合わせて痴漢防止を訴える掲示をしようと企画し、資金提供を呼びかけたことが原因かもしれないと考えていた。

アカウントの復活を求めて訴えようとしたが、裁判所は受理していないといい、担当弁護士は「『女権』という言葉が、当局に敏感な単語として扱われている可能性がある」と指摘した。

「フェミニスト・ファイブ」の折れない心

二〇一六年四月、中国では「海外NGO国内活動管理法」（二〇一七年一月施行）が成立した。その中で海外NGOは「中国の国家安全に危害を加えたり、国家利益を損なったりしてはならない」と規定された。海外とつながるNGOに対する当局の警戒感は強い。痴漢をやめようと訴えただけで、政治的主張を掲げていない李ら五人を拘束したのも、NGOとの関係を当局が問題視したからだと受け止められていた。

拘束前は各地の市民活動に招かれることが多かった李だが、拘束後は声がかからなくなった。「あなたを見ると、警察がすぐに来そうな感じがする」と告げられたこともある。ノックの音に、いまでもどきっとする。李はそう言った。ドアを開けて警察官らに連行されたショックはなかなか消えなかった。「私たちは何も悪いことをしていないのに、政府は拘束が間違いだったとは永久に認めないだろう」

海外NGO管理法ができるなど社会は息苦しく、不安な気持ちが続く。それでも、「自分の力の及ぶ範囲で、女性の権利向上のためにできることを模索していきたい」と語ってくれた。

李ら五人の女性は、欧米などで「フェミニスト・ファイブ」と呼ばれた。中国の女性運動の象徴となったのだ。

釈放から一年が過ぎ、二〇一六年四月に行動の制限は解かれたが、容疑者としての扱いは続いていた。彼女たちはどんな思いで日々を過ごしているのだろう。五月下旬に、五人全員に会いに行った。

北京と浙江省、広東省で五人に話を聞いた。拘束という衝撃的な体験は、それぞれの心に傷を残していた。警察官に連れて行かれた時の記憶が尾を引き、街でパトカーの姿を見かけるだけで落ち着かなくなる。釈放後にも影響は続いていた。

それでも、彼女たちは拘束された原因や意味を考え続け、これからどう生きていくべきか、自分は何をすべきなのかに思いをめぐらせていた。王曼《ワンマン》（三十三歳）は「両性の平等を求めたり、セクハラに反対したりすることは正しいことで、私たちの活動のやり方は誰も傷つけていない」と話した。

二十六歳になった鄭楚然は「中国のフェミニズムをもっといい段階に進めたい。世界からも関心を持たれることになった私たち五人には、なおいっそう冷静な思考が求められる」と述べた。李は「女性の権利、ＬＧＢＴ（性的少数者）の権利、動物の権利のためにできることをやっていきたい」と言う。

武嶸嶸《ウーロンロン》（三十一歳）は「ＮＧＯとＮＧＯをつなぐ役割を果たしていきたい」、韋婷婷《ウエイティンティン》（二十七歳）は男女の平等を求める活動で「たくさんの人を助けられるような、影響力のある人間になれればいい」と語ってくれた。

二〇一二年十一月に習指導部が発足してから、当たり前の権利を求める動きでさえも逆風にさらされている。それでも、彼女たちのような市井の一人ひとりの思いと志が、粘り強く社会に変革をもたらしていくのだろう。これまでの中国がそうであったように。

人権運動への締め付け

忘れ難い、勇敢な女性弁護士がいる。人権がからむ事件に果敢に取り組むことで知られ、李たちを親身に見守り、応援していた王宇《ワンユィ》だ。

二〇一五年五月に話を聞かせてもらったが、その二ヵ月後に拘束されてしまった。当局は七月九日以降、王を含む著名な人権派弁護士や民主活動家らを相次いで連行した。体制への脅威になりうる芽をつぶしておきたい。そんな思惑があるとみられる現政権による人権運動への締め付けを示す象徴的な事件だった。

拘束前の取材に対し、王は「私はとても小さな一人ではあるけれど、人権のために働くことで私なりの役割を発揮できる」と述べていた。弁護士をめぐる状況が厳しくなる中でも、「捕まっても構わないとは言わない。でも、捕まることを恐れはしない」と、人権問題に取り組む揺るがぬ思いを語った。

外国で生活したいと思うことはあるかと聞いてみた。人権を守るための弁護活動は、いまの中国ではリスクが高いものだからだ。王は「私の仕事は安全ではない。いつでも捕まる危険がある。派出所に連れて行かれるような状況はしょっちゅう。（当局は）いずれに

家屋や農地の強制収用をめぐる公判で、当局に抗議する王宇さん（左、江蘇省蘇州市、共同通信社、2015年４月）

しろ、捕まえたい時に捕まえる」としながらも、国内にとどまって活動を続ける意志を示した。その上で「たとえ捕まったとしても、筋道を通し、法にかなったやり方で闘う」と話した。

王は二〇一六年一月、国家政権転覆容疑で正式に逮捕された。そして八月になり、王が釈放されたと香港紙が伝えた。王は過去の言動を後悔していると述べ、「過ち」を認めたという内容だが、王の夫は拘束されたままで、息子も当局の監視下に置かれた状況だった。心にもないことを口にせざるを得なかったのか。取材時のにこやかな王の顔と、強靭な精神力を思い起こし胸が痛んだ。いつかまた話がしたい。

【取材余話】働く私、望まぬ二人目

結婚して子どもを産むのが当然というプレッシャーをものともせず、自らの幸せに向かって力強く人生を歩む女性たちがいる。中国屈指の大都市・上海で、働く若い女性たちの実態や考えを知るために話を聞いた。上海は、中国の生活、文化の最先端の姿を見せてくれる場所だ。

超高層ビルが林立する中心部の陸家嘴地区。ここに事務所を置く日系企業で働く徐佳寧(二十八歳)の周りで、一人っ子政策の廃止はほとんど話題にならなかった。中国では二〇一五年末で、一九七九年から続く一人っ子政策が廃止された。そして、二人まで産める「二人っ子政策」に変わった。徐は「都市で働く若い女性には、自分は関係ないと思う人が多かったのでは」。

徐もそうだった。会計事務所に勤める夫(三十歳)との間に一歳の息子がいる。英語、絵画、囲碁、スイミング……。身につけさせたい習い事がたくさんある。いずれは海外にも留学させたい。夫婦二人の収入は年間約三十五万元(約六百万円)。「上海だと一般的な水準。金持ちでも貧乏でもない」。それでも、子育て費用がかさみ、二人目の余裕はない。

自分も夫も一人っ子。二人の子を持つことは考えられない。いずれ互いの両親の面倒を見なければならない。収入を子どもにばかり使うわけにはいかない。旅行と買い物が好きで、昨年は日本や韓国も訪れた。徐は「一人の子どもを大切に育てていきたい」と語る。第二子をどうするか。上海では、一人っ子政策の動向にかかわらず産むつもりのなかった女性は少なくない。華東師範大学の二〇一四年の調査では、上海の新婚夫婦千四百八十九組のうち、二人の子どもを希望するのは約二十五パーセントに過ぎなかった。

上海に住む李暁穎（三十歳）は、航空会社の客室乗務員。子どもは一人も産まないつもりだ。

同じ航空会社で働く夫（三十三歳）と、二〇一二年に結婚。「二人の生活を充実させたい」という同じ考え方を持つ相手を選んだ。夫婦の年収は合計で約四十五万元（約七百七十万円）。国際線に搭乗して世界中をまわる今の生活を十分楽しんでいる。

「産まないことはとても自然な選択だと思う。私の人生は、子どもを産んで完成するわけじゃない。私の中で結婚と子どもは結びついていない」

上海の若い女性たちを取材すると、一人っ子同士の夫婦の場合、子どもの世話だけでなく、それぞれの両親計四人の老後の面倒を見なければならない。とても二人目の子どもを持つ気になれない、との言葉には説得力があった。当局は一人っ子政策をやめることで女性が産む子どもの数を増やしたいと考えているが、その思惑通りに人口を増やすのは容易ではない。

経済成長の恩恵を受けて豊かさを楽しむ一方で、現代の家族のあり方を模索する都市の

・・・・・・・

住民たち。伝統的な家族観や国の政策にとらわれず、多様な家族の姿を肯定していくのだろう。

あとがき

「あんな国で仕事をするの？」

「あんな国に行っても大丈夫？」

中国への赴任が決まったことを告げると、友人知人の一部からこんな反応をされた。あんなとは、どんな？　問い返してみると、明確な説明は難しそうだ。とにかくイメージが悪いのだという。

日本政府が尖閣諸島を国有化し、中国各地で反日デモが吹き荒れたのが二〇一二年九月。私はその翌月に上海に赴任した。日本で対中感情が極度に悪化していたことが、冒頭のような反応につながった部分はあるだろう。ただ、中国への漠然とした嫌悪感を抱く人はそうした出来事の有無にかかわらず一定数いる、というのが日ごろの実感でもあった。十分な情報や経験に基づいた中国に対する評価というよりは、どちらかと言えば「食わず嫌い」に見える人もいた。

上海で仕事を始めたあとには、「中国ってどんな国？」「中国人ってどんな感じ？」と尋ねられることも少なくなかった。現地を体験した生の声を聞きたいのだろう。中国に好意を抱いている人だけでなく、マイナスのイメージを持っている人も、隣国のことは気になるようだった。

ただ私は、この国を知るほどに、その問いにうまく答えられず困るようになった。なんせ中国は広大な国土を持ち、人口もけた違いに多い。単純に中国人をひとくくりにはできない。今後の仕事についての所感を求められ、記者を目指す若者向けにこう書いたことがある。「できるだけ多くの土地に足を運び、中国が持つ様々な側面の一断面でも読者にお伝えできればと思います。そうしているうちに、『中国って？』のうまい答えが見つかるといいのですが、そんなに簡単ではないでしょう」

そんな思いを胸に、中国の多面的な姿を日本に紹介すべく、たくさんの現場に赴いた。広西チワン族自治区玉林で夏至の日に犬の肉を食べる「犬肉祭」、アイドルグループ「AKB48」の海外姉妹ユニットとして上海を拠点に活動する「SNH48」とそのファンたち、浙江省で開かれた中国政府肝いりの国際会議「世界インターネット大会」、日本人が設計に携わった上海交響楽団の新ホール、などなど。大量の豚の死骸が流れてきた上海の川を上流までさかのぼり、養豚業者に聞き込みをしたこともあった。

では、中国は一体どんな国なのか。結論から言うと、約四年間の現場取材を経てもしっくりくる答えは見つけられなかった。いまも答えを探せないどころか、その問いに答える難しさは増しているように思う。世界二位となった経済の発展ぶりや共産党による一党支配の政治体制など現在の「中国らしさ」にはひずみも目につき、先行きはますます不透明になっている。この国の将来を言いあてるのはたやすくない。

簡単に言い表せないのが中国の魅力でもあるだろう。これからも、様々な表情を見せるこの国の断面を、一つひとつ切り取る作業を積み重ねるしかないのかもしれない。

中国取材で大切にしてきたことがある。これまで日本の報道ではあまり焦点があたらなかった問題、注目されにくかった事象にも目配りしたかった。一連の取材の過程では、外国メディアの記者として特定の主張や立場に肩入れすることなく、できる限り客観的な判断と記述をするよう心がけたつもりだ。

中国で記事を書いた約四年の間、隠れた事実や本音を語ってくれた多くの人たちに感謝の気持ちを伝えたい。外国の記者と接することで不利益が生じる可能性がある中でも取材に応じ、たくさんのことを教えてくれた。そのおかげで、当局発表からは知り得ない社会の実情に触れることができた。本書で取り上げた各地のルポが、読者の方々にとっても未知の中国と出会うきっかけの一つになればうれしい。

朝日新聞中国総局の坂尻信義前総局長と古谷浩一現総局長をはじめ、中国大陸でともに仕事をしながら多くの助言を与えてくれた先輩と同僚の記者たちに謝意を表したい。上海支局の現地スタッフは日々の取材を支えてくれた。断片的になりがちな取材結果を著書としてまとめる機会をいただいた平凡社新書の金澤智之編集長にもお礼を申し上げる。

中国社会で大きな疑問や不満を感じることなく、政権のありようを肯定的に受け入れている人は珍しくない。本書では、そうした立場とは隔たりのある人たちの現状を伝えることに力点を置いた。共産党体制で進む権力集中のもとで、多様な価値観や少数者の声がかき消されてしまうのではないかという問題意識があったからだ。中国赴任中はマイノリティーのありのままの姿を見つめ、知ろうとした。時には希望が見えない残酷な現実を突きつけられることもあった。持てる力は小さくても自分にできることは何かと考え、行動を起こすことをあきらめない姿に勇気づけられることもあった。

これからの中国がどう変わっていくのか。著しい経済成長や激しい権力闘争の陰で見落とされがちなマイノリティーの現場には、それを知るヒントがあるはずだと思いながら一つひとつの取材に取り組んだ。

この国には、容易には揺るがない価値観や固定観念、権力構造、格差などが存在している。それでも、変化は早い。スマホを使ったキャッシュレス化や自転車のシェアがあっという間に広がるスピード感。市民が変化を受け入れ、合理性を追求する土壌がある。一方で、経済至上主義の風潮の中で立ち止まり、人としてのあり方や社会との関わり方を見直し始める人も増えてきた。

変化を模索する中で、変わらないもの、変わってはいけないものが見えてくるはずだ。多数派と少数派が互いに理解し合い共生することは、人々の変わらぬ願いだろう。中国は今後、多様な考えや生き方を尊重する寛容な社会へと変貌するだろうか。そんな社会の実現に向けてどう歩みを進めていくのか、中国のこれからを追い続けたい。

二〇一七年九月

金順姫

【著者】
金順姫（きむ すに）
1976年福岡県生まれ。1999年朝日新聞社入社。広島支局、京都支局、西部報道センター（福岡）での勤務を経て、2009年から１年間、北京大学などに語学留学。2012年から約４年間、上海支局長として中国各地の現場を取材した。現在は東京本社国際報道部に所属。

平凡社新書８５５

ルポ 隠された中国
習近平「一強体制」の足元

発行日――2017年10月13日　初版第１刷

著者――金順姫
発行者――下中美都
発行所――株式会社平凡社
東京都千代田区神田神保町3-29　〒101-0051
電話　東京（03）3230-6580［編集］
東京（03）3230-6573［営業］
振替　00180-0-29639

印刷・製本―株式会社東京印書館
装幀――菊地信義

ISBN978-4-582-85855-6
NDC 分類番号302.22　新書判（17.2cm）　総ページ200
平凡社ホームページ　http://www.heibonsha.co.jp/